भगवान शिव - वेदों के अनुसार इच्छा का एकमात्र उद्देश्य

कार्तिक

शिशिर मोहन निगम द्वारा हिन्दी में अनुवादित

नोशन प्रेस

नोशन प्रेस

भारत। सिंगापुर। मलेशिया।

समर्पण

प्रति
सर्वोच्च भगवान शिव, सर्वोच्च देवी पार्वती,
पूरे ब्रह्मांड में भगवान शिव के सभी भक्त

अंतर्वस्तु

प्रस्तावना

यह एक ऐसी पुस्तक है जो इस बारे में बताती है कि वेदों के अनुसार केवल भगवान शिव ही इच्छा के पात्र हैं। मैं कई पुस्तकों और शास्त्र-आधारित ग्रंथों का अध्ययन व पठन कर चुका हूं लेकिन मैंने पाया कि यह पुस्तक उनमें से सबसे अनोखी है क्योंकि इसमें श्रुति (वेद और उपनिषद) और स्मृति (पुराण और इतिहास) शामिल हैं। इस पुस्तक में सभी प्रामाणिक शास्त्रों और टिप्पणियों के संदर्भ शामिल हैं। यह हमें शिक्षित करता है और हमें बताता है कि भगवान शिव सर्वोच्च व्यक्तित्व हैं और कैसे केवल वे ही इच्छा के पात्र हैं और उनका ध्यान किया जाना चाहिए। लेखक ने बहुत सराहनीय प्रयास किया है और हमें शास्त्रों से कई प्रामाणिक संदर्भ और अर्थ प्रदान किए हैं। लेखक हमें शिव भक्ति में संलग्न होने के लाभों के बारे में और कैसे भगवान शिव की कृपा से हमारी सभी इच्छाएं पूर्ण व सभी कार्य सफल व सिद्ध हो जाते हैं, इसके बारे में भी बताता है।

शिशिर मोहन निगम

****

उपनिषद, वेद, पुराण, इतिहास सहित सभी शास्त्र महादेव की महिमा के बारे में बात करते हैं। लेखक (कार्तिक सर) की बात करें तो वे महादेव की महिमा पर व्याख्यान देते रहे हैं, उन व्याख्यानों को देखकर और उनसे प्रेरित होकर मैंने यह अद्भुत पुस्तक खरीदी। लेखक ने जो भी दावा किया है वह दर्जनों शास्त्र संदर्भों के साथ परिमाणित है। लेखक की ओर से एक भी दावा नहीं किया गया है। मैं (भगवान शिव का भक्त होने के नाते) महादेव की महिमा पढ़ने का शौकीन हूं और यह पुस्तक इस उद्देश्य को भली भांति पूरा करती है। यह पुस्तक ऋषि विश्वनारा द्वारा रचित एक अष्टक पर एक भाष्य है। इसमें 8 अध्याय हैं और प्रत्येक अध्याय अष्टक के प्रत्येक पद के लिए एक भाष्य है।

जिस क्षण मैंने इस पुस्तक को पढ़ना शुरू किया, मैं उस सरल लेकिन शक्तिशाली भाषा से मोहित हो गया, जिसका लेखक ने महादेव की महिमा के लिए प्रयोग किया है। जैसा कि वेद कहते हैं 'न इति न इति' (न यह, न वह), भगवान शिव को केवल शब्दों से वर्णित नहीं किया जा सकता है, लेकिन हाँ, यह पुस्तक महादेव की महिमा के संदर्भ में सबसे अच्छी पुस्तक है।

हम कह सकते हैं, मेरे स्वामी अपने सीमाओं को नहीं मापते हैं, और न ही उन्हें इसकी आवश्यकता है। दूसरे उनके लिए ऐसा करते हैं, जैसा कि हरि और ब्रह्मा ने एक बार किया था। मैं आपको विश्वास दिलाता हूं कि यदि आप इस पुस्तक को पूरी निष्ठा से पढ़ेंगे, तो आप स्पष्ट निष्कर्ष पर पहुंचेंगे कि वेदों के अनुसार केवल भगवान शिव ही मनोकामना के एकमात्र पात्र हैं।

मैं श्री कार्तिक सर को इस पुस्तक की सफलता के लिए बहुत-बहुत बधाई देता हूं। भगवान शिव और माता पार्वती उन्हें और अपने सभी भक्तों को आशीर्वाद दें।

ऐसा कोई क्षण न बीते जब हम महादेव को याद न करें। वह भी ऐसा कोई क्षण न छोड़े जब वो उन्हें याद करने वालो पर कृपा न करें।

द्वारा - एक तुच्छ शिव भक्त

नमः शिवाय

प्रिंस त्यागी

****

"अथातो ब्रह्म जिज्ञासा", यह वाक्य इस पुस्तक को पढ़ने की प्रेरणा की दिशा में मेरी यात्रा को काफी हद तक समझाता है। एक नास्तिक से जिसने कहा "मैं भगवान में विश्वास नहीं करूंगा क्योंकि मैं उसे नहीं देखता" एक कट्टर शैव तक, जो सगुण ब्रह्म के रूप में शिव की पूजा करता है, यह यात्रा अद्भुत रही है। यह पुस्तक शिव भक्ति की इस मंजिल तक पहुँचने और सनातन धर्म को समझने की दिशा में एक महत्वपूर्ण कदम रही है।

दुनिया की अधिकांश आबादी के बीच यह एक आम गलत धारणा है कि हिंदू धर्म एक बहुदेववादी धर्म है। हिंदू धर्म एक एकेश्वरवादी धर्म है जिसमें पूजा का एक बहुदेववादी रूप है। अर्थात् परमात्मा अनेक रूप में प्रकट होते हैं। वह एक सर्वोच्च परमात्मा जिसे चतुर्दश विद्यास्थानम में सभी जगह सराहा जाता है, वह शिव है। इसलिए, शैववाद अपने पूर्ण अर्थों में हिंदू धर्म का पर्याय है। यह पुस्तक इस सत्य को विभिन्न प्रमाणों के माध्यम से उत्तम रूप से उजागर करती है।

जैसे कोई अनाथ स्नेह की तलाश में रहता है, वैसे ही साधक राह खोजता है। एक ऐसे युग में जहां शैववाद विलुप्त होने के कगार पर है, जगन माता के कुछ चुनी हुई संताने साधकों को सही रास्ते पर ले जाने में मदद करते हैं। शैव धर्म के पवित्र मार्ग पर मेरा मार्गदर्शन करने के लिए मैं हमेशा लेखक का ऋणी और आभारी रहूंगा।

शशांक स्वरूप

****

पावती (स्वीकृति)

सबसे पहले, मैं परम भगवान महादेव और माँ परा शक्ति को धन्यवाद देना चाहूंगा जिन्होंने मुझे इस पुस्तक को लिखने के लिए आध्यात्मिक ज्ञान प्रदान किया है। यहां तक कि अगर किसी को "शिव शिव" का जप करना है, तो वह भी महादेव की कृपा से ही होता है। इसलिए, मैंने शास्त्रों में जो कुछ भी सीखा है और जो प्रशंसा मुझे प्राप्त हुई है, उसे मैं पूरी तरह से भगवान शिव और भगवती परा शक्ति के चरणों में समर्पित करता हूं।

दूसरी बात, मैं अपनी पत्नी को धन्यवाद देना चाहूंगा जिन्होंने भगवान शिव पर पुस्तकें लिखने में मेरा सबसे बड़ा सहयोग किया है। वह हमेशा मुझे मेरी आध्यात्मिक यात्रा में प्रोत्साहित और प्रेरित करती रही हैं। जब मैंने भगवान शिव पर अपनी पहली पुस्तक अंग्रेजी में प्रकाशित की - "LORD SHIVA-THE ONLY OBJECT OF DESIRE ACCORDING TO THE VEDAS (भगवान शिव - वेदों के अनुसार इच्छा की एकमात्र वस्तु)", मैं महादेव का आशीर्वाद चाहता था क्योंकि यह पहली किताब थी जिसे मैंने भगवान शिव पर लिखा था। उन्होंने मेरी किताब की पहली प्रतिलिपि ली, कई शिव मंदिरों की यात्रा की और उस प्रतिलिपि को भगवान शिव के चरणों में रख दिया और उनका आशीर्वाद प्राप्त किया। अगर कोई है जिसे मैं अपने पिता परम शिव और माता परा शक्ति के बाद सबसे अधिक धन्यवाद दूंगा, तो वह मेरी पत्नी है। इस सब व सब कुछ के लिए धन्यवाद, मेरी प्रिय।

तीसरी बात, मैं शिशिर मोहन निगम को धन्यवाद देना चाहूंगा जो मेरी पहली पुस्तक का हिंदी में अनुवाद करने के लिए आगे आए। वह भगवान शिव के एक महान भक्त हैं, बहुत विनम्र, भावुक और महादेव की भक्ति सेवा में संलग्न होने के लिए प्रेरित हैं। मेरी पुस्तक के अनुवाद में रुचि लेने के लिए मैं वास्तव में उनका धन्यवाद करता हूँ। भगवान शिव आपको अपने आध्यात्मिक मार्ग में आशीर्वाद दें।

परिचय

परम शिव के चरण कमलों को मेरी विनम्र साष्टांग प्रणाम जो परा शक्ति द्वारा दुलारते हैं और जिन्हें ब्रह्मा, हरि और इंद्र जैसे देवता अभी भी खोज रहे हैं।

साम्ब शिव की सेवा में संलग्न सर्वोच्च आध्यात्मिक दुनिया महा कैलाश में अनंत काल से मौजूद भगवान शिव के भक्तों को मेरा विनम्र अभिवादन।

परम भगवान परम शिव, सर्वोच्च माता परा शक्ति और भगवान शिव के भक्तों की कृपा से, मैं अपनी पहली पुस्तक **भगवान शिव - वेदों के अनुसार इच्छा का एकमात्र उद्देश्य** लिख रहा हूं ।

इस पुस्तक में अभिलाष अष्टकम पर एक विस्तृत टिप्पणी है, जो ऋषि विश्वानर द्वारा भगवान शिव की स्तुति करते हुए गाया गया एक अष्टक है। संस्कृत में "अभिलाष" शब्द का अर्थ इच्छा (या) मनोकामना है।

अभिलाष अष्टकम का प्रत्येक श्लोक उपनिषदों के विभिन्न सूत्रों से जुड़ा है। इस भाष्य को पढ़ने से, कोई यह समझ सकेगा कि भगवान शिव सभी शास्त्रों (वेद, उपनिषद, पुराण, उप-पुराण, स्मृति, आगम, इतिहास, आदि) के परम सार हैं और उनकी भक्ति करने से व्यक्ति मुक्ति की ओर जाता है।

यह अष्टक पुराणों में थोड़े से संशोधनों के साथ दो स्थानों पर आता है। नीचे संदर्भ हैं:

1) शिव महा पुराण शतरुद्र संहिता अध्याय 13 श्लोक (42-49)
2) स्कंद महा पुराण काशी खंड अध्याय 10 श्लोक (126-133)

अध्याय 1
भगवान शिव सर्वोच्च परम सत्य

छंद 1:

एकम्ब्रह्मैवाद्वितीयं समस्तं सत्यं सत्यं नेह नानास्ति किञ्चित् ।
एको रुद्रो न द्वितीयोऽवतस्थे तस्मादेकं त्वां प्रपद्ये महेशम् ।।

सर्वोच्च वास्तविकता किसी दूसरे के बिना एक है। यह सत्य है। वास्तव में कई सर्वोच्च वास्तविकताएं मौजूद नहीं हो सकतीं। एक ही रुद्र है। उसके बराबर या उससे बड़ा कोई नहीं है। इसलिए मैं केवल आपकी शरण चाहता हूं, एकमात्र महान भगवान महेश्वर।

टिप्पणी:

भगवान शिव को वेदों, उपनिषदों, आगमों, स्मृतियों, पुराणों, उप-पुराणों, इतिहास, आदि के अनुसार परम सर्वोच्च होने के रूप में वर्णित किया गया है। इस श्लोक में उपनिषदों के अनेक सूत्र बताए गए हैं। आइए एक-एक करके इसके बारे में जानें।

बृहदारण्यक उपनिषद 4.4.19:

मनसा एव आप्तव्यम् अनुद्रष्टव्यम् **नेह नानाऽस्ति किं चन**
मृत्योः स मृत्युमाप्नोति य इह नानेव पश्यति

ब्रह्म (भगवान शिव) को मन के माध्यम से महसूस किया जाना है। **कई भगवान नहीं हैं, सर्वोच्च वास्तविकता अकेले भगवान शिव हैं।** जो यह सोचता है कि ईश्वर अनेक हैं, वह बार-बार जन्म-मरण करता रहता है।

बृहदारण्यक उपनिषद के उपरोक्त श्लोक में **"नेह नानाऽस्ति किं चन"** वाक्यांश का उपयोग किया गया है जिसका अर्थ है कि कई सर्वोच्च वास्तविकताएँ मौजूद नहीं हो सकती हैं। सर्वोच्च वास्तविकता केवल एक ही हो सकती है और वह है केवल भगवान शिव। इसकी पुष्टि ऋषि विश्वानर ने की है, जहां वे भगवान शिव को सर्वोच्च वास्तविकता के रूप में महिमामंडित करते समय उसी वाक्यांश का उपयोग करते हैं। भगवान शिव सभी के परम कारण हैं और समर्पण के

एकमात्र उद्देश्य हैं। जो भगवान शिव को हरि, ब्रह्मा और इंद्र जैसे अन्य देवताओं के साथ समानता देता है और उनकी पूजा करने में संलग्न होता है, वह बार-बार जन्म और मृत्यु लेता रहता है।

भगवान शिव के दिव्य गुणों और विशेषताओं को वेदों, उपनिषदों और पुराणों में ध्यान की एकमात्र वस्तु के रूप में वर्णित किया गया है, न कि ब्रह्मा, हरि या इंद्र के, जो जन्म, मृत्यु, वृद्धावस्था, रोग, भौतिक प्रकृति के तीन गुणों से बंधे हैं। (अच्छाई, जुनून और अज्ञानता, वासना, क्रोध, आदि।)

आइए उपनिषदों और पुराणों के कुछ संदर्भों को देखें जो भगवान शिव के दिव्य गुणों की व्याख्या करते हैं जो ध्यान की एकमात्र वस्तु हैं।

कैवल्य उपनिषद्‌:

हृत्पुण्डरीकं विरजं विशुद्धं विचिन्त्य मध्ये विशदं विशोकम्‌
अचिन्त्यमव्यक्तमनन्तरूपं शिवं प्रशान्तममृतं ब्रह्मयोनिम्‌
तमादिमध्यान्तविहीनमेकं विभुं चिदानन्दमरूपमद्भुतम्‌

जिस व्यक्तित्व का चिंतन करना कठिन है, अव्यक्त (जिसका रूप भौतिक नेत्रों से नहीं देखा जा सकता), जिसके रूप अनंत हैं , जो सर्व शुभ, अमर, सर्वव्यापी है, उस व्यक्तित्व का हृदय कमल में ध्यान करना चाहिए। सभी (ब्रह्मा, विष्णु, इंद्र, आदि) का कारण , जिसका न आदि और न मध्य और न ही अंत है, जो सर्वव्यापी है, जो चेतना से युक्त और आनंद से भरा है, जो भौतिक रूप से बंधा नहीं है और जो अद्भुत है.

उमासहायं परमेश्वरं प्रभुं त्रिलोचनं नीलकण्ठं प्रशान्तम्‌
ध्यात्वा मुनिर्गच्छति भूतयोनिं समस्तसाक्षिं तमसः परस्तात्‌

उमा के पति, वह जो उमा, परा शक्ति, अंबिका (उमासहायं) के साथ सदा मौजूद है; सर्वोच्च भगवान (परमेश्वरम); जो पूरे ब्रह्मांड के भगवान(प्रभुम) हैं; तीन आंखों वाला (त्रिलोचनं); नीली गर्दन वाला स्वामी (नीलकण्ठं); शांतिपूर्ण और परोपकारी (प्रशान्तम), इस व्यक्तित्व का ध्यान करके एक ऋषि उनके पास पहुंचता है (उच्चतम विश्व महा कैलाश में जाता है और वहां से वापस नहीं आता) जो सभी प्राणियों का मूल है, सभी का साक्षी है और जो अंधकार से परे है ।

ऋग्वेद शिव संकल्प सूक्तम 24:

कैलासशिखरे रम्ये शङ्करस्य शिवालये
देवतास्तत्र मोदन्ते तन्मे मनः शिवसङ्कल्पमस्तु

महादेव महा कैलाश में निवास करते हैं जो उनका निवास है (महा कैलाश परम आध्यात्मिक निवास है जो ब्रह्म लोक, वैकुंठ, गोलोक, स्वर्ग, आदि से परे है)। सभी देवता हरि, ब्रह्मा और इंद्र वहां रहने के लिए उत्सुक और प्रसन्न हैं। मेरा मन भगवान शिव पर केंद्रित हो जाए।

ऋग्वेद शिव संकल्प सूक्तम 25:

कैलासशिखराभासा हिमवद्द्रिरिसंस्थिताः
नीलकण्ठं त्रिनेत्रं च तन्मे मनः शिवसङ्कल्पमस्तु

(महान्यासम शिव संकल्प सूक्तम में कुछ पठन कन्यका: कहते हैं: के बजाय संस्थितः)

महादेव जो तीन आंखों और नीली गर्दन वाले हैं, वे पहाड़ों की बेटी के साथ महा कैलाश में निवास करते हैं। मेरा मन भगवान शिव पर केंद्रित हो जाए।

महानारायण उपनिषदः

ऋतं सत्यं परं ब्रह्म पुरुषं कृष्णपिङ्ल्म्
ऊर्ध्वरेतं विरूपाक्षं विश्वरूपाय वै नमो नमः

सर्वोच्च वास्तविकता धार्मिकता है, सत्य की पहचान है और उमा महेश्वर कौन हैं (अर्धनारीश्वर; कृष्ण पिंगला पुराणों में केवल भगवान शिव के लिए उपयोग किया जाने वाला एक बहुत ही विशिष्ट विशेषण है), सबसे ऊपर, विषम-आंखों वाला (तीन-आंखों वाला)। उन्हें नमस्कार है जिनका रूप ब्रह्मांड है।

कृष्णपिंगल, उर्ध्वरेत, विरुपाक्ष, मूजवत, कृत्तिवास, त्र्यंबक , नीलग्रीव आदि शब्द जो वेदों और उपनिषदों में प्रकट होते हैं, वे बहुत विशिष्ट विशेषण हैं जिनका उपयोग केवल पुराणों में भगवान शिव के लिए किया गया है।

भगवान शिव की पूजा हरि, ब्रह्मा, इंद्र आदि देवों द्वारा की जाती है।

महानारायण उपनिषद्:

नमो हिरण्यबाहवे हिरण्यवर्णाय हिरण्यरूपाय हिरण्यपतये
अम्बिकापतय उमापतये पशुपतये नमोनमः

हिरण्यबाहु (जिसके हाथ सुनहरे हैं; जिसकी भुजाओं पर सोने के आभूषण हैं), हिरण्यवर्ण (जिसका रंग सुनहरा है), हिरण्यरूपा (जिसका रूप स्वर्ण वैभव में चमक रहा है), हिरण्यपति (धन के देवता) को बार-बार नमस्कार। सभी प्रकार की समृद्धि), अंबिकापति (अम्बिका(संपूर्ण ब्रह्मांड की माता) के पति,), उमापति (उमा के पति और भगवान), पशुपति (हरि, ब्रह्मा, इंद्र, आदि सहित सभी व्यक्तिगत आत्माओं के भगवान).

कृष्ण यजुर्वेद तैत्तिरीय संहिता 1.8.6, शुक्ल यजुर्वेद वाजसनेयी संहिता 3.60-61:

त्र्यम्बकं यजामहे सुगन्धिं पुष्टिवर्धनम् । उर्वारुकमिव बन्धनान्मृत्योर्मुक्षीय माऽमृतात्
एषते रुद्र भाग स्तञ्जुषस्व तेनावसेन परो मूजवतोऽती ह्यवतत धन्वा पिनाकहस्तः कृत्तिवासाः

मैं त्रयंबक (तीन नेत्रों वाले भगवान शिव) को, जिनकी मीठी सुगंध है, जो अपने प्रिय भक्तों को संपूर्ण रूप से समृद्धि, स्वास्थ्य और धन प्रदान करते हैं, को बलि चढ़ाता हूं। जैसे पका हुआ खीरा बंधी हुई डंठल से अलग हो जाता है, वैसे ही मैं मृत्यु से मुक्त होकर अमरता प्राप्त करूं (मोक्ष का अर्थ है मुक्ति)। कृपया इस बलि को स्वीकार करें, हे रुद्र जो मुजावत पर्वत में आपके हाथ में पिनाक धनुष के साथ मौजूद है और नरसिंह की त्वचा को अपने वस्त्र के रूप में पहने हुए है (भगवान शिव ने नरसिंह की त्वचा को उनके अहंकार को नष्ट करने के बाद उनके वस्त्र के रूप में पहना था)।

ये बहुत विशिष्ट विशेषण हैं जिनका उपयोग केवल पुराणों, उप-पुराणों और इतिहासों में भगवान शिव के लिए किया जाता है, न कि ब्रह्मा, विष्णु और इंद्र जैसे देवताओं के लिए। उपनिषदों और पुराणों से और भी कई संदर्भ मिलते हैं जिनके बारे में बात की जा सकती है।

सूत संहिता सर्ग 1 अध्याय 2 श्लोक 19-24:

एवं कृत्वा व्रतं देवा अथर्वंशिरसि स्थितम् ।
शान्ता दान्ता विरक्ताश्च त्यक्त्वा कर्माणि सुव्रताः॥

वालाग्रमात्रं विश्वेशं जातवेदस्त्ररूपिणम् ।

हृत्पद्मकर्णिकामध्ये ध्यात्वा वेदविदां वराः ॥

सर्वज्ञं सर्वकर्तारं समस्ताधारमद्भुतम् ।

प्रणवेनैव मन्त्रेण पूजयामासुरीश्वरम् ॥

अथ तेषां प्रसादार्थं पशूनां पतिरीश्वरः ।

उमार्धविग्रहः श्रीमान्सोमार्धकृतशेखरः ॥

नीलकण्ठो निराधारो निर्मलो निरुपप्लवः ।

ब्रह्माविष्णुमहेशानैरुपास्यः परमेश्वरः ॥

सांनिध्यमकरोद्रुद्रः साक्षात्संसारनाशकः ।

यं प्रपश्यन्ति वेदान्तैः स्वरूपं सर्वसाक्षिणम्

सूत संहिता सर्ग 1 अध्याय 2 से उपरोक्त संदर्भ अथर्वशिरस उपनिषद के लिए एक सहायक तथ्य (उप बृह्णणम) के बारे में बात करता है जहां सभी देवता हरि, ब्रह्मा और इंद्र अपने शरीर को भस्म से सजाते हैं, रुद्राक्ष की माला पहनते हैं, पवित्र भजनों का जप करते हैं और भगवान की पूजा करते हैं। उनके हृदयों के भीतर शिव ही हैं जिनकी दिव्य विशेषताओं का ही ध्यान किया जाना है: **जो अपने शरीर का आधा हिस्सा माँ उमा के साथ साझा कर रहे हैं, जिनका कंठ नीला है, जिनके माथे पर चंद्रमा है, जो अशुद्धियों के बिना हैं, जो भगवान हैं सभी पशु (पशु व्यक्तिगत आत्माएं हैं जिनमें घास (घास के तिनके (पत्ते)) से लेकर विष्णु तक सब कुछ शामिल है), सच्चा गवाह, सभी जानकार, सर्वोच्च ईश्वर, ब्रह्मा, विष्णु और काल रुद्र सहित सभी कारणों का कारण और जो व्यक्तिगत आत्मा को मुक्त करता है (जीवात्मा) जन्म और मृत्यु के बार-बार चक्र से ।**

यह सहायक तथ्य देवताओं द्वारा भगवान शिव को **अथर्वशीर उपनिषद** में बताई गई बातों से संबंधित है:

हृदि त्वमसि यो नित्यं तिस्रो मात्राः परस्तु सः ।

हे सनातन भगवान शिव, आप सभी के हृदय में निवास कर रहे हैं। आप चेतना की तीन अवस्थाओं को पार करते हैं (हृदय में ध्यान करने योग्य रूप भगवान शिव का है जैसा कि सूत संहिता में वर्णित है जो अथर्वशीर उपनिषद के लिए सहायक तथ्य प्रदान करता है)।

वालाग्रमात्रं हृदयस्य मध्ये विश्वं देवं जातरूपं वरेण्यम् ।
तमात्मस्थं येनु पश्यन्ति धीरास्तेषां शान्तिर्भवति नेतरेषाम् ।

ज्ञानियों के लिए जो हृदय के केंद्र में सर्वोच्च भगवान शिव को महसूस करते हैं, जो सर्वोच्च आत्मा हैं, जो बालों के अंत(बाल के सिरों) के समान सूक्ष्म हैं, सर्वज्ञ, ब्रह्मांड के भगवान जिनके नियंत्रण में सब कुछ है और सबसे अच्छा और सब कुछ है , शाश्वत शांति प्राप्त करेगा और दूसरे नहीं।

यह समझना चाहिए कि काल रुद्र और परमेश्वर अलग हैं। ब्रह्मा, नारायण और रुद्र को परमेश्वर ने सृष्टि, रखरखाव और विनाश का कार्य करने के लिए बनाया है। शास्त्रों में अकेले भगवान शिव को पांच गतिविधियों (निर्माण, रखरखाव, विनाश, छिपना और मुक्ति) के कर्ता के रूप में वर्णित किया गया है। काल रुद्र और परमेश्वर के बीच का अंतर उपनिषदों, पुराणों, उप-पुराणों, इतिहास आदि में हर जगह बताया गया है। पद्म पुराण से नीचे एक संदर्भ दिया गया है।

पद्म पुराण पातालखण्डः अध्याय 108 (भस्म कैसे तैयार करें) श्लोक 3,5,6:

य एकः शाश्वतो देवो ब्रह्मवंद्यः सदाशिवः
त्रिलोचनो गुणाधारो गुणातीतोऽक्षरोव्ययः

शाश्वत भगवान सदाशिव, जिन्हें ब्रह्मा, हरि और इंद्र जैसे देवताओं द्वारा भी नमस्कार किया जाता है, जिनकी तीन आंखें हैं, जो सभी गुणों का आधार हैं, जो शुद्ध सत्व (भौतिक प्रकृति के तीन गुणों से परे: अच्छाई, जुनून और अज्ञान) हैं। जो परिवर्तन से बंधा नहीं है और जो अविनाशी है।

दक्षिणांगेसृजत्पुत्रं ब्रह्माणं वामतो हरिम्
पृष्ठदेशे महेशानं त्रीन्पुत्रानसृजद्विभुः

उन्होंने अपने दाहिने अंग से ब्रह्मा और बाएं अंग से हरि की रचना की। उसने अपनी पीठ से महेश (काल रुद्र) की रचना की। इस तरह सदाशिव के तीन पुत्र हुए।

केवल एक चीज यह है कि काला रुद्र में भगवान शिव की आंशिक चिंगारी है क्योंकि वह भगवान शिव का आंशिक रूप है। वह विनाश का कार्य करता है और वापस परम शिव में विलीन हो जाता है जबकि ब्रह्मा, हरि और इंद्र अलग-अलग आत्माएं हैं जो बदलती रहती हैं और जिनकी स्थिति तपस्या से प्राप्त होती है।

सूत संहिता सर्ग 1 अध्याय 2 श्लोक 34, 35:

अहमेव परं तत्त्वं मत्तो जातं जगत्सुराः ॥
मय्येव संस्थितं नष्टं मत्समो नाधिकः सदा ।
मत्स्वरूपपरिज्ञानादेव संसारैनिर्हृतिः ॥

भगवान शिव परा शक्ति के साथ ब्रह्मा, हरि और इंद्र के सामने प्रकट हुए, जब उन्होंने उनसे गहन प्रार्थना की थी। उन्होंने उनसे इस प्रकार कहा: "**मैं ही परम सत्य हूं, मैं ही संपूर्ण ब्रह्मांड का कारण हूं, मेरे समान या मुझसे बड़ा कुछ भी नहीं है, केवल मेरे दिव्य आध्यात्मिक रूप को जानने और ध्यान करने से ही मुक्ति मिल जाएगी और बार-बार जन्म और मृत्यु के चक्र में नहीं आना होगा अन्यथा (इसके अतिरिक्त) और कोई दूसरा रास्ता नहीं है**"।

जैसा कि वेदों में कहा गया है कि **तेमेवं विद्वान अमृता इह भवति नान्यः पन्था अयनाय विद्याथे** जिसका अर्थ है सर्वोच्च भगवान शिव को जानना, इस प्रकार इस जीवन में ही व्यक्ति जन्म और मृत्यु के बार-बार चक्र को पार करता है और शाश्वत विश्व महा कैलाश तक पहुंचता है। कोई दूसरा मार्ग नहीं है जो किसी को मुक्ति की ओर ले जा सके। **श्वेताश्वतर उपनिषद 3.8** में भी यही कहा गया है ।

ये भगवान शिव के गुण और विशेषताएं हैं, जिन पर ध्यान केंद्रित करना चाहिए, न कि ब्रह्मा, हरि (हरि के अवतार जैसे नरसिंह, राम, कृष्ण, आदि) और इंद्र जैसे देवताओं पर। चूंकि वे स्वयं विनाश के लिए बाध्य हैं, वे एक व्यक्ति की आत्मा को अमरता की ओर नहीं ले जा सकते। केवल अमर भगवान शिव की कृपा से, व्यक्तिगत आत्माएं अमरता प्राप्त कर सकती हैं। शब्द "**अमृत**" उपनिषदों में कई बार अकेले भगवान शिव का जिक्र करता है।

जाबाल उपनिषद :

अथ हैनं ब्रह्मचारिण ऊचुः किं जप्येनामृतत्वं ब्रूहीति ॥
स होवाच याज्ञवल्क्यः । शतरुद्रियेणेत्येतान्येव ह वा अमृतस्य नामानि ॥
एतैर्ह वा अमृतो भवतीति एवमेवैतद्याज्ञवल्क्यः ॥

छात्रों ने अपने गुरु को संबोधित किया जो ऋषि याज्ञवल्क्य हैं: "कृपया हमें बताएं कि किस पवित्र पाठ से कोई **अमरता प्राप्त करता है** "? ऋषि याज्ञवल्क्य ने उत्तर दिया: " **शतरुद्रिया (वेदों के केंद्र में आने वाला रुद्रम) का जाप करके** । ये हैं अमर **एक परम शिव के नाम** इन नामों का जाप करने से व्यक्ति वास्तव में **अमरता प्राप्त करता है** ।"

ऋग्वेद 10.90.2 और श्वेताश्वतर उपनिषद 3.15:

पुरुष एवेद॰ सर्वं यद् भूतं यच्च भव्यम् ।
उतामृतत्वस्येशानो यदन्नेनातिरोहति ॥

केवल वेद पुरुष (परमात्मा) परम शिव वह है जो है, जो था और जो अभी बाकी है। वह **अमरता** का और जो कुछ भी भोजन से बढ़ता है उसका भगवान है।

अथर्वशीर उपनिषदः

यो वै रुद्रः स भगवान्यच्चामृतं तस्मै वै नमोनमः

जो रुद्र है वह वास्तव में सर्वोच्च परमात्मा (**भगवान**) है। अमरता के रूप रुद्र को मेरा नमस्कार।

अगर इस जीवन में ही उस अमर अवस्था को प्राप्त करना है तो उस व्यक्तित्व की पूजा करनी होगी जो अविनाशी, जन्महीन है और वही महादेव है।

मत्स्य पुराण अध्याय 154 श्लोक 180, 181:

ब्रह्मविष्णिवन्द्रमुनयो जन्ममृत्युजरार्दिताः।
तस्यैते परमेशस्य सर्वे क्रीड़नका गिरे! ।।

आस्ते ब्रह्मा तदिच्छातः संभूतो भुवनप्रभुः।
विष्णुर्युगे युगे जातो नानाजातिर्महातनुः ।।

ऋषि नारद हिमवान से कहते हैं: "ब्रह्मा, विष्णु और इंद्र जन्म, वृद्धावस्था, रोग और मृत्यु से बंधे हैं। वे परमेश्वर के हाथों के यंत्र हैं। यह महादेव की इच्छा के माध्यम से है कि ब्रह्मा और विष्णु अपने-अपने डोमेन (ब्रह्म लोक और वैकुंठ) के स्वामी हैं।"

पंचब्रह्म उपनिषद श्लोक 13:

अवस्थात्रितयातीतं तुरीयं ब्रह्मसंज्ञितम् ब्रह्मविष्ण्वादिभिः सेव्यं सर्वेषां जनकं परम्

तत्पुरुष चेतना की तीन अवस्थाओं (वैष्णवनार, तैजस, प्रा ज्ञान) से ऊपर है, वह चौथा (तुरिया), अस्तित्व, चेतना और आनंद है। वह ब्रह्मा और विष्णु के सर्वोच्च पिता हैं और उनकी पूजा की जाती है।

ऋग्वेद 9.96.5, साम वेद पूर्वार्चिका अध्याय 5 श्लोक 527, साम वेद उत्तरार्चिका अध्याय 5 श्लोक 943:

सोमः पवते जनिता मतीनां जनिता दिवो जनिता पर्थिव्याः |
जनिताग्नेर्जनिता सूर्यस्य जनितेन्द्रस्य जनितोत विष्णोः ||

परा शक्ति और परम शिव (शिव + उमा → सोमा, रुद्रम 8th अनुवाक: नमः सोमाय च) पवित्र भजनों द्वारा महिमामंडित किया गया, जिन्होंने पृथ्वी, स्वर्ग, अग्नि, सूर्य, इंद्र और विष्णु को जन्म दिया।

वही **भस्म जाबाल उपनिषद** में मौजूद है जहां परम शिव ने घोषणा की कि वह परा शक्ति के साथ हरि, ब्रह्मा, सूर्य, इंद्र, आदि सहित उन सभी को बनाता है।

ये कुछ नमूना संदर्भ हैं। ब्रह्मा, हरि और इंद्र के जीवत्वम को प्रदर्शित करने वाले कई और संदर्भ हैं जिनकी स्थिति साधना (तपस्या) द्वारा प्राप्त की जा सकती है।

भगवान शिव के सच्चे भक्त को हरि, ब्रह्मा और इंद्र के पदों को प्राप्त करने में कोई दिलचस्पी नहीं है। वह हरि, ब्रह्मा और इंद्र की स्थिति को उनके चरणों की धूल के बराबर मानेंगे क्योंकि वे अस्थायी हैं।

वह हमेशा परम शिव, परा शक्ति और भगवान शिव के भक्तों के चरण कमलों की सेवा करने में रुचि रखता है और महा कैलाश की दुनिया में वापस जाता है जो सर्वोच्च, शाश्वत और अविनाशी है, जहां से कोई वापसी नहीं है।

गरुड पुराण सर्ग 1 अध्याय 23 श्लोक 54-57:

बद्धपद्मासनासीनः सितः षोडशवार्षिकः ।।

पञ्चवक्त्रः कराग्रैः स्वैर्दशभिश्चैव धारयन् ।
अभयं प्रसादं शक्तिं शूलं खट्वाङ्गमीश्वरः ।।

दक्षैः करैर्वामकैश्च भुजंगं चाक्षसूत्रकम् ।
डमरुकं नीलोत्पलं बीजपूरकमुत्तमम् ।।

इच्छाज्ञानक्रियाशक्तिस्त्रिनेत्रो हि सदाशिवः ।
एवं शिवार्च्चनध्यानी सर्वदा कालवर्जितः ।।

भगवान शिव का ध्यान श्वेत रंग के रूप में करना चाहिए, सोलह वर्ष के पद्मासन में विराजमान, पाँच मुख, दस हाथ, पाँच दाईं ओर अभय, प्रसाद, शक्ति, शुल, खटवांग और बाएँ सर्प, अक्षसूत्र, ढोल, नीला कमल, अनार। सदाशिव त्रिनेत्र हैं। उसके पास इच्छा शक्ति (इच्छा की शक्ति), क्रिया शक्ति (क्रिया की शक्ति) और ज्ञान शक्ति (ज्ञान की शक्ति) है। जो व्यक्ति इस तरह भगवान शिव की पूजा करता है वह अमर हो जाता है।

योगतत्व उपनिषद श्लोक 99-101, योगयाज्ञवल्क्य स्मृति अध्याय 8 श्लोक 22-24:

बिन्दुरूपं महादेवं व्योमाकारं सदाशिवम्
शुद्धस्फटिकसङ्काशं धृतबालेन्दुमौलिनम्

पञ्चवक्त्रयुतं सौम्यं दशबाहुं त्रिलोचनम्

सर्वायुधैर्धृताकारं सर्वभूषणभूषितम्

उमार्धदेहं वरदं सर्वकारणकारणम्

सदाशिव महादेव का चिंतन करना चाहिए, जो बिंदु के रूप में हैं, जो शुद्ध स्फटिक की तरह चमक रहे हैं, जिनके माथे पर अर्धचंद्राकार, पांच मुखी, दस हाथ, तीन आंखें हैं, जिनके पास एक सुंदर चेहरा है, जो सभी हथियारों से लैस हैं। , सर्व आभूषणों से अलंकृत, शरीर के एक आधे भाग पर पराशक्ति उमा के साथ और अनुग्रह देने के लिए तैयार और जो सभी कारणों का कारण है।

वेदों के अनुसार भगवान शिव का ध्यान सबसे महान माना गया है। भगवान शिव का ध्यान ब्रह्मा, हरि और इंद्र जैसे देवताओं द्वारा भी मुक्ति के लिए किया जाता है। अज्ञानी लोगों द्वारा कुछ गलतफहमियां फैलाई जाती हैं कि भगवान शिव किसी का ध्यान करते हैं, लेकिन भगवान शिव किसी का ध्यान नहीं करते हैं क्योंकि वे हर चीज के अधिपति हैं। ऐसा अनेक स्थानों पर स्वयं भगवान शिव कहते हैं।

पद्म पुराण पाताल खंड अध्याय 114 (भगवान शिव और राम के बीच संवाद) श्लोक 247, 248 (वही नारद पुराण पूर्व भाग अध्याय 79 श्लोक 200,201 में मौजूद है):

शंकर उवाच:
ध्याये न किंचिद्रोविंद न नमस्येह किंचन
नोपास्ये कंचन हरे न जपिष्येह किंचन

किंतु नास्तिकजंतूनां प्रवृत्त्यर्थमिदं मया
दर्शनीयं हरे ते स्युरन्यथा पापकारिणः

शंकर ब्रह्मा, विष्णु और इंद्र से कहते हैं: **मैं किसी का ध्यान नहीं कर रहा हूं। मैं किसी को सलाम नहीं कर रहा हूं। मैं किसी का इंतजार नहीं कर रहा हूं। मैं किसी का आह्वान करते हुए कोई प्रार्थना नहीं करूंगा** , लेकिन मुझे इसे अविश्वासियों को गतिविधि की ओर ले जाने के लिए प्रदर्शित करना होगा। नहीं तो वे पापी होंगे।

इसी बात का जिक्र शास्त्रों में और भी कई जगहों पर किया गया है। इसलिए अज्ञानी के शब्द जो भगवान शिव को बदनाम करने की कोशिश करते हैं, उन्हें त्याग दिया जाना चाहिए क्योंकि यह भगवान शिव के प्रति उनकी घृणा के कारण कहा गया है।

सांब शिव का ध्यान सबसे अधिक (महत्वपूर्ण व लाभकारी) है क्योंकि उनका एकमात्र रूप आध्यात्मिक है और भौतिक प्रकृति के तीनों गुणों से परे है। ब्रह्मा, हरि, इंद्र और लक्ष्मी के रूप भौतिक हैं और विनाश के लिए बाध्य हैं।

भगवान शिव का ध्यान विभिन्न तरीकों से किया जा सकता है। अर्धनारीश्वर, चिदंबरा नटराजा, थिरुवरुर त्यागराज, कल्याण सुंदर मूर्ति, उमा महेश्वर, सोमा स्कंद मूर्ति, महा सदाशिव मूर्ति (25-मुख), सदाशिव मूर्ति (5-मुख, 10-हाथ), चंद्रशेखर मूर्ति, बाला मूर्ति, बाला शिव, त्रिपुरा संहार शारभेश्वर, आदि। इन ध्यानों का वेदों, उपनिषदों, आगमों, पुराणों, उप-पुराणों और इतिहास में व्यापक रूप से उल्लेख किया गया है।

ऋग्वेद शिव संकल्प सूक्तम 18:

परात् परतरो ब्रह्मा तत्परात् परतो हरिः
तत्परात् परतोऽधीशस्तन्मे मनः शिवसङ्कल्पमस्तु

सबसे बड़ा ब्रह्मा है, लेकिन उससे बड़ा हरि है, लेकिन ब्रह्मा और हरि से बड़े शिव, महादेव, शंभू, ईशान, ईश्वर हैं। मेरा मन केवल शिव पर केंद्रित हो, किसी और पर नहीं।

केवल समर्पण, निस्वार्थ भक्ति में संलग्न होकर, भगवान शिव के बारे में सुनकर और महेश्वर और परा शक्ति के दिव्य रूप पर एक साथ ध्यान केंद्रित करने से ही जन्म और मृत्यु के चक्रों को पार किया जा सकता है। हरि, ब्रह्मा या इंद्र को समर्पण करके कोई भी सांसारिक अस्तित्व के सागर को पार नहीं कर सकता। ध्यान देने योग्य एक और बात यह है कि, सर्वोच्च वास्तविकता का एक रूप है। वह निराकार नहीं है जैसा कि मायावादी ने वर्णन किया है। शास्त्रों में उन्हें कभी-कभी निराकार बताया गया है लेकिन इसका मतलब यह नहीं है कि उनका कोई रूप नहीं है। उनका **आध्यात्मिक दिव्य रूप** भौतिक आंखों से नहीं देखा जा सकता है। उनका रूप सभी भौतिक रूपों से परे और अविनाशी है। कभी-कभी महादेव की सर्वव्यापीता का वर्णन करने के लिए, उपनिषदों ने उन्हें निराकार बताया है। शिव लिंग उनकी सर्वव्यापकता का प्रतिनिधित्व करता है। वह ब्रह्मा और हरि के अहंकार को कुचलने के लिए आग के एक अनंत स्तंभ (**अग्नि स्तम्भ**) के **रूप में प्रकट हुए।** लेकिन उनके पास एक दिव्य आध्यात्मिक रूप है जिस पर लिंग के भीतर विचार किया जाना चाहिए। " **उस रूप को भौतिक आँखों से नहीं देखा जा सकता है** " उपनिषदों में कई सूत्र में कहा गया है।

श्वेताश्वतर 4.20, पंच ब्रह्म 19, महानारायण 1.11, कठ 2.3.9 उपनिषद:

न सन्दृशे तिष्ठति रूपमस्य

इसका अर्थ है कि भगवान शिव के दिव्य आध्यात्मिक रूप को हमारी भौतिक आंखों से नहीं देखा जा सकता है। केवल तीव्र भक्ति और गुरु के आशीर्वाद से ही, कोई भी भगवान शिव के दर्शन कर सकता है और महा कैलाश वापस जाकर उनकी सेवा कर सकता है, जिसके बाद कोई जन्म नहीं लेता है।

ब्रह्मा और हरि के अहंकार को नष्ट करने के लिए महादेव एक अनंत स्तंभ (अग्नि स्तम्भ) के रूप में प्रकट होते हैं

एकमेवअद्वितीयम - छांदोग्य 6.2.1, 6.2.2

ऋषि विश्वानर ने भगवान शिव की स्तुति के अपने गीत में इस "एकमेव अद्वितीयम" का उपयोग किया है जिसका अर्थ है कि सर्वोच्च वास्तविकता (किसी दूसरे के बिना) एक है। इसके लिए हम उपनिषदों और पुराणों में कुछ संदर्भ देखेंगे।

अथर्वशीर उपनिषद्:

एकोहि रुद्रो न द्वितीयाय तस्थुर्य इमाँल्लोकानीशत ईशनीभिः
प्रत्यङ् जनास्तिष्ठति सञ्चुकोचान्तकाले संसृज्य विश्वा भुवनानि गोपाः

श्वेताश्वतर उपनिषद 3.2:

एकोहि रुद्रो न द्वितीयाय तस्थुर्य इमाँल्लोकानीशत ईशनीभिः
प्रत्यङ् जनास्तिष्ठति सञ्चुकोचान्तकाले संसृज्य विश्वा भुवनानि गोपाः

रुद्र ही वास्तव में परब्रह्म व परम भगवान हैं ; क्योंकि ब्रह्म को जानने वाले किसी दूसरे के अस्तित्व को स्वीकार नहीं करते (उससे बड़ा कोई नहीं है); वह अकेले ही अपनी शक्तियों से सारे संसार पर शासन करता है। वह प्रत्येक जीवित प्राणी के आंतरिक स्व(आत्मा, प्राण) के रूप में निवास करता है। सारे संसारों की रचना करने के बाद, वह, उनका रक्षक, समय के अंत में उन्हें वापस अपने पास ले जाता है।

कृष्ण यजुर्वेद तैत्तिरीय संहिता 1.8.6 और शुक्ल यजुर्वेद वाजसनेयी संहिता:

पशूनाग्ं शर्मासि शर्म यजमानस्य शर्म मे यच्छैक **एव रुद्रो न द्वितीयाय**

भगवान शिव को परम रक्षक के रूप में वर्णित किया गया है; यज्ञों और कर्मकांडों का रक्षक और वह सभी व्यक्तिगत आत्माओं का रक्षक है। भगवान शिव को परब्रह्म व एकमात्र परम भगवान के रूप में वर्णित किया गया है। उसके बराबर या उससे बड़ा कुछ भी नहीं है।

(यह श्लोक महान्यासम के एक भाग के रूप में पढ़ा जाता है जिसे शत रुद्रियम के जाप से पहले पढ़ा जाता है)

वेदों और उपनिषदों में **एको रुद्रो न द्वितिया** का विशेषण 3 बार आता है और पुराणों में कई बार भगवान शिव की सर्वोच्चता का संकेत मिलता है। उपनिषदों में अथर्वशीरस , श्वेताश्वतर आदि महादेव की ही महिमा का गुणगान करते हैं। हमारे पास अथर्वशिरस उपनिषद के लिए 30 सहायक तथ्य (उप ब्राह्मणम) हैं जो दिखाते हैं कि यह भगवान शिव की ही महिमा का गुणगान करता है और इसे ब्रह्मा, विष्णु और इंद्र ने भगवान शिव को समर्पित कर(भगवान शिव के लिए) गाया था और किसी और को नहीं। स्मृतियों के आधार पर यह समझना होगा कि वेद और

उपनिषद किसका महिमामंडन कर रहे हैं। श्रुति (वेदों) को स्मृति (पुराण, इतिहास) की सहायता के बिना कभी नहीं समझा जा सकता है। पुराण यह दिखाने के लिए विभिन्न संदर्भ देते हैं कि अथर्वशिरा एक उपनिषद है जो भगवान शिव की महिमा करता है। सूत संहिता सर्ग 1 अध्याय 2 अथर्वशिरस उपनिषद की एक विस्तृत कहानी प्रदान करता है जैसा कि पहले देखा गया था और अन्य पुराणों में इस उपनिषद के सार को भगवान शिव के रूप में उजागर करने वाले कई संदर्भ हैं। जैसा कि आप देख सकते हैं कि अथर्वशिरस उपनिषद में " **एको रुद्रो न द्वितियाय** " श्लोक श्वेताश्वतर उपनिषद में भी आता है। श्वेताश्वतर उपनिषद ऋषि श्वेताश्वर द्वारा दिया गया है, जिन्हें पुराणों (शिव, कूर्म, सौरा, आदि) में भगवान शिव का एक बड़ा भक्त बताया गया है। इसके अलावा सूत संहिता यज्ञ वैभव खंड ब्रह्म गीता अध्याय 11 में, ऋषि सूत ने श्वेताश्वतर उपनिषद को अकेले भगवान शिव की महिमा के रूप में वर्णित करने वाले समर्थन तथ्य के बारे में बात की है।

ऋषि श्वेताश्वतर को अत्याश्रम या पाशुपत व्रत का अभ्यास करने के रूप में वर्णित किया गया है, जिसका अर्थ है भस्म के साथ अपने शरीर को सजाना, त्रिपुंड (माथे पर भस्म) पहनना और रुद्राक्ष की माला पहनना, शिव से संबंधित कहानियां सुनना, शिव की स्तुति गीत गाना (शिव नामा संकीर्तनम), शिव लिंग और शिव विग्रह (दिव्य रूप) की पूजा करना और अपने हृदय में माता परा शक्ति के साथ शिव का ध्यान करना। पुराणों में इस प्रकार अत्याश्रम या पाशुपत या शाम्भव या शिरो व्रत का वर्णन किया गया है।

इससे यह भी पता चलता है कि अथर्वशीर उपनिषद में वर्णित पाशुपत व्रत और श्वेताश्वतर और कैवल्य उपनिषदों में वर्णित अत्याश्रम स्वर साथ-साथ चलते हैं क्योंकि पुराणों में कहा गया है कि अत्याश्रम और पाशुपत दोनों का अर्थ एक ही है।

सौर पुराण 27.28:

यत तत पाशुपतं योगं अंत्यश्रमं इति श्रुतम्
गुह्यं तत् सर्व वेदेशु वेदविद्भीर अनुष्ठितम्

वेदों (श्रुति) में जो कुछ भी पाशुपत के रूप में वर्णित है , **वह अत्याश्रम** (दोनों पर्यायवाची हैं) के समान है। यह वेदों में मौजूद रहस्यों का रहस्य है और व्रत का अभ्यास वेदों के विशेषज्ञ लोगों द्वारा किया जाता है।

कारण आगम अध्याय 1 श्लोक 9: परम शिव परा शक्ति से कहते हैं:

अत्याश्रमं पाशुपतं शाम्भवं तच्छिरोव्रतम्
इत्येवं नामभिः पुण्यैर्निगमान्तेषु गीयते ।।

उपनिषदों में, शिरो व्रतम को अत्याश्रम, पाशुपत और शाम्भव जैसे पवित्र नामों से सराहा गया है।

ये चारों नाम पर्यायवाची हैं और ये भस्म धरनां, त्रिपुंड्रा धरनां, रुद्राक्ष धारणम, भगवान शिव की स्तुति सुनना, भगवान शिव के नाम का गायन, भगवान शिव के दिव्य रूप का ध्यान आदि का उल्लेख करते हैं। इन 4 नामों का बार-बार उल्लेख किया जाता है उपनिषदों में। वे उर्ध्व पुंड्रा के बारे में बात नहीं करते हैं, क्योंकि उर्ध्व पुंड्रा अवैदिक है (प्रामाणिक उपनिषदों में कहीं भी उल्लेख नहीं किया गया है)। श्री वैष्णव परंपरा के भीतर, २(2) उर्ध्व पुंड्रा हैं। कुल मिलाकर, उर्ध्व पुंड्रा सात प्रकार के होते हैं (श्री वैष्णव तेनकलाई, श्री वैष्णव वडकलाई, माधव, गौड़ीय, स्वामी नारायण, वल्लभ और निम्बार्क)। सभी ७(7) प्रकार के उर्ध्व पुंड्रा प्रामाणिक कैसे हो सकते हैं और वे उन संबंधित उर्ध्व पुंड्रा को विष्णु पर लागू करते हैं। लेकिन शास्त्रों में ऐसे कई संदर्भ हैं जहां उपनिषदों और पुराणों में विष्णु को त्रिपुंद्र, भस्म और रुद्राक्ष के साथ वर्णित किया गया है (एक संदर्भ नीचे दिया गया है)। उर्ध्व पुंड्रा वेदों के अनुरूप नहीं है। तप्त मुद्रा भी · कंधों पर शंख और चक्र अंकित करना वेदों के अनुरूप नहीं है। भस्म धारणम, त्रिपुंद्र धारणम, रुद्राक्ष धारणम ही वैदिकम (**वेदों के साथ संरेखण में**) है । यह वास्तव में इस बारे में बात करता है कि कैसे शैववाद अकेले वेदों और उपनिषदों के अनुरूप है। बौद्ध धर्म, जैन धर्म, शाक्तम, कौमाराम, वैष्णवम, सौरम, गणपतिम और मायावादम जैसे अन्य सभी धर्म आपको कई जन्मों के बाद शैव धर्म की ओर ले जाते हैं।

जब कोई अपने शरीर पर भस्म लगाता है तो उसे हमेशा यह अहसास होना चाहिए कि घास के तिनके से लेकर विष्णु तक - सभी विनाश के लिए बाध्य हैं (एक दिन राख हो जाना तय है)। केवल भगवान शिव ही सर्वोच्च वास्तविकता हैं और वे ही ध्यान, पूजा और समर्पण के एकमात्र उद्देश्य हैं।

आजकल, अज्ञानी लोग भगवान शिव के प्रति घृणा के कारण इन उपनिषदों को अन्य देवताओं को समर्पित बताने का प्रयास करते हैं। वे पहले क्रम के मूर्ख हैं। उनका अहंकार भगवान शिव की सर्वोच्चता को स्वीकार करने के लिए तैयार नहीं है, जो वेदों, उपनिषदों और पुराणों में हर जगह वर्णित है। हम देखते हैं कि दक्ष प्रजापति भगवान शिव के बारे में अहंकारी और अज्ञानी थे और अंत में उनके अहंकार को वीरभद्र (भगवान शिव के एक भक्त जो महादेव की जटा से प्रकट हुए

थे) ने कुचल दिया था। महादेव सभी राक्षसों के अहंकार को नष्ट करने वाले हैं और ब्रह्मा, विष्णु और इंद्र जैसे देवताओं का भी ।

उपनिषदों और पुराणों में ब्रह्मा और विष्णु की भस्म को सुशोभित करने और मुक्ति (मोक्ष) प्राप्त करने के लिए भगवान शिव से प्रार्थना करने की बात की गई है। यहाँ एक श्लोक है जिसमें विष्णु को भस्म के साथ दिखाया गया है:

बृहज्जाबाल 6th ब्राह्मण 7th श्लोक (यह पद्म पुराण पाताल खंड अध्याय 105 भस्म का महत्व श्लोक 223 में एक मामूली संशोधन के साथ मौजूद है):

ततोभस्म भक्षयेति हरिमाह हरस्ततः
भक्षयिष्येशिवं भस्म स्नात्वाहं भस्मना पुरा

विष्णु भगवान शिव से कहते हैं: मैं भस्म खाऊंगा। पूर्व में मैंने भस्म से स्नान किया है।

पवित्र विभूति (भस्म) से स्नान और भस्म को खाने से विष्णु भगवान शिव का ज्ञान प्राप्त करते हैं। हम अपने माथे और शरीर पर भस्म लगाने से हिचकिचाते हैं लेकिन यहां विष्णु भस्म से स्नान करते हैं और भगवान शिव का ज्ञान प्राप्त करने के लिए भस्म को भोजन की तरह खाते हैं। इससे हमें निश्चित रूप से समझना चाहिए कि भगवान शिव को प्राप्त करने के लिए भस्म का कितना महत्व है। भगवान शिव के दिव्य रूप को अपने हृदय में देखने के बाद, विष्णु भगवान शिव के चरणों में गिरते हैं और कहते हैं:

बृहज्जाबाल 6th ब्राह्मण 10th श्लोक, पद्म पुराण पाताल खंड अध्याय 105 श्लोक 234: विष्णु भगवान शिव से कहते हैं:

न शक्यं भस्मनोज्ञानं प्रभावं तेकुतोविभो
नमस्तेऽस्तुनमस्तेऽस्तुत्वामहं शरणं गतः

मेरे पास भस्म की शक्ति को समझने की क्षमता नहीं है; हे महादेव, मैं आपकी महिमा कब समझ सकता हूँ? आपको प्रणाम, प्रणाम। मैं आपकी शरण चाहता हूँ।

इस तरह, ऐसे कई संदर्भ हैं जहां ब्रह्मा, विष्णु और विष्णु, इंद्र, लक्ष्मी, सरस्वती और इंद्राणी के अवतार हमेशा भस्म के साथ होते हैं और भगवान शिव और परा शक्ति की पूजा करते हैं।

स्कंद महा पुराण काशी खंड उत्तरार्धा अध्याय 87 श्लोक 85: रुद्र ही एकमात्र परम भगवान (परब्रह्म) व एकमात्र सत्य हैं, कोई दूसरा नहीं (एको रुद्रो न द्वितीयः)।

शिव महा पुराण वायवीय संहिता खंड 1 अध्याय 3 श्लोक 8, 9:

जीवैरेभिरिमांल्लोकान्सर्वानीशो य ईशते
य एको भागवान् रुद्रो न द्वितीयोऽस्ति कश्चन

सदा जनानां हृदये संनिविष्टो ऽपि यः परैः
अलक्ष्यो लक्षयन्विश्वमधितिष्ठति सर्वदा

भगवान शिव व्यक्तिगत आत्माओं (जीवात्माओं) के माध्यम से सभी संसारों पर शासन करते हैं। उसके अलावा दूसरा कोई नहीं है। यद्यपि वह लोगों के दिलों में प्रवेश कर चुका है और हमेशा मौजूद है, वह दूसरों के लिए अदृश्य है; वह हमेशा ब्रह्मांड को देखता और नियंत्रित करता है।

शिव महा पुराण वायव्य संहिता खंड 2 अध्याय 6 श्लोक 13:

अंबिकापतिरीशानः पिनाकी वृषवाहनः
एको रुद्रः परं ब्रह्म पुरुषः कृष्णपिंगलः

उस सर्वोच्च वास्तविकता को अंबिका के पति के रूप में वर्णित किया गया है, जो किसी दूसरे के बिना, काला और स्वर्ण समान (अर्धनारीश्वर, उमा महेश्वर) है।

स्कंद महा पुराण काशी खंड उत्तरार्द्ध अध्याय 95 श्लोक 56:

एको रुद्रो न द्वितीयो यतस्तद्ब्रह्मैवैकं नेह नानास्ति किंचित्
यद्यप्यन्यः कोपि वा कुत्रचिद्वा व्याचष्टां तद्यस्य शक्तिर्मदग्रे

ऋषि व्यास भगवान शिव से कहते हैं: ब्रह्म ही एक है। कई सर्वोच्च वास्तविकताएं नहीं हो सकतीं। इसलिए रुद्र ही एक है। उसके लिए दूसरा कोई नहीं है। अगर कहीं और कोई है तो जो ऐसा कहने की क्षमता रखता है, वह मुझे समझा दे।

तो पहले श्लोक का महत्व यह है कि ऋषि विश्वानर ने भगवान शिव को किसी दूसरे के बिना अकेले एक होने के लिए महिमामंडित किया; उसके बराबर या उससे बड़ा कोई नहीं है। वह वेदों और उपनिषदों के सूत्र भगवान शिव पर लागू करते हैं। चूँकि केवल भगवान शिव ही सर्वोच्च वास्तविकता हैं, वे अकेले उनकी ही शरण में जाते हैं। मानव जीवन को अनमोल इसलिए कहा जाता है क्योंकि जानवरों को दी गई पांच इंद्रियों की तुलना में मनुष्य को छठी इंद्रिय दी जाती है। छठी इंद्री का उपयोग सर्वोच्च वास्तविकता भगवान शिव को कैसे प्राप्त किया जाए, में किया जाना चाहिए। ब्रह्मा, हरि, इंद्र या लक्ष्मी जैसे देवताओं की पूजा करके अनमोल मानव जीवन को बर्बाद नहीं करना चाहिए, जिससे हम बार-बार जन्म और मृत्यु लेने में फंस जाते है। जैसा कि अथर्वशिख उपनिषद **शिव एको ध्येयः (शिव ही ध्यान का एकमात्र उद्देश्य है)** कहते हैं , सभी को अलग कर दें और भगवान शिव की पूजा करें जो अकेले जन्म और मृत्यु के चक्रों से मुक्ति और भौतिक इच्छाओं के दाता हैं।

अध्याय 2
भगवान शिव सभी कारणों के कारण

छंद 2:

एक: कर्ता त्वं हि सर्वस्य शम्भो नानारूपेष्वेकरूपोस्य रूपः ।
यद्वत्प्रत्यप्स्वर्क एकोप्यनेकस्तस्मान्नान्यं त्वां विनेशं प्रपद्ये ।।

केवल एक ही निर्माता है और आप हर चीज के एकमात्र निर्माता हैं। तुम्हारा एक ही परम रूप है और तुम अनेक रूपों में प्रकट होते हो, जैसे सूर्य विभिन्न जलों में अलग-अलग कई प्रतीत होते हैं और तुम सभी भौतिक रूपों से परे हो। इसलिए मैं तुम्हारे सिवा किसी का सहारा नहीं लेता।

टिप्पणी:

वेदों, उपनिषदों, पुराणों और इतिहासों में अकेले महादेव को सभी कारणों का कारण बताया गया है। वह ब्रह्मा, हरि और इंद्र जैसे देवताओं का भी कारण है। आइए कुछ संदर्भ देखें।

हरिवंश पुराण 2-74-34: कृष्ण परम शिव से कहते हैं:

अहं ब्रह्मा कपिलो योऽप्यनन्तः पुत्राः सर्वे ब्रह्मणश्चातिवीराः ।
त्वत्तः सर्वे देवदेव प्रसूता एवं सर्वेशः कारणात्मा त्वमीड्य ।।

हे भगवानों के स्वामी परम शिव। मैं, ब्रह्मा, कपिल मुनि, शेष और ब्रह्मा के सभी वीर पुत्र जिन्होंने अपने आंतरिक शत्रुओं पर विजय प्राप्त की - **सभी आपसे ही हैं, आप से बनाया गया व आपसे ही जन्मे हैं। इसलिए आप सभी के स्वामी हैं। इसलिए, आप, सभी के स्वामी, केवल प्रशंसा के पात्र हैं**

यहां कृष्ण स्वयं को ब्रह्मा, आदि शेष और सभी ऋषियों के साथ परम शिव को सभी का अंतिम कारण बताते हैं।

यह **महाभारत द्रोण पर्व अध्याय 201 श्लोक 95, 96** में ऋषि व्यास द्वारा अश्वत्थामा को बताई गई बातों के अनुरूप है:

स एष रुद्र भक्तश्च केशवो रुद्रसम्भवः
कृष्ण एव हि यष्टव्यो यज्ञैश्चैव सनातनः
सर्वभूतभवं ज्ञात्वा लिङ्गमर्चति यः प्रभोः

केशव रुद्र के एक समर्पित उपासक हैं जो स्वयं रुद्र से उत्पन्न हुए हैं। केशव हमेशा शिव लिंग की पूजा करते हैं, भगवान शिव को पूरे ब्रह्मांड और सभी व्यक्तिगत आत्माओं की उत्पत्ति मानते हैं।

हरिवंश पुराण 2-74-32: कृष्ण परा शक्ति और परम शिव से कहते हैं:

यल्लिङ्गाङ्कं यच्च लोके भगाङ्कं सर्व सोम त्वं स्थावरं जङ्गमं च ।
प्राहुर्विप्रास्त्वां गुणिनं तत्त्वविज्ञास्तथा ध्येयामम्बिकां लोकधात्रीम् ।।

हे महाप्रभु माँ उमा के साथ। मर्दाना और स्त्री लिंग द्वारा चिह्नित इस दुनिया की अचल और चल संस्थाएं, आप दोनों की अभिव्यक्ति हैं। सिद्धांतों के जानकार विद्वान आपको दैवीय गुणों वाले बुलाते हैं और अंबिका को जगत की माता के रूप में पूजते हैं।

पंचब्रह्म उपनिषद श्लोक 18 और 19:

आदावन्ते च मध्ये च भाससे नान्यहेतुना
मायया मोहिताः शम्भोर्महादेवं जगद्गुरुम्

न जानन्ति सुराः सर्वे सर्वकारणकारणम्
न सन्दृशे तिष्ठति रूपमस्य परात्परं पुरुषं विश्वधाम

वह अपने आप में भूत, वर्तमान और भविष्य में किसी और पर निर्भर नहीं है (ब्रह्मा, विष्णु, इंद्र और लक्ष्मी सहित सभी उस पर निर्भर हैं)। शंभू, महादेव, ब्रह्मांड के गुरु और **सभी कारणों के कारण** की माया शक्ति से भ्रमित होकर, ब्रह्मा, विष्णु और इंद्र जैसे सभी देवता उसे(भगवान शिव को) महसूस नहीं करते हैं । उनका आध्यात्मिक दिव्य रूप भौतिक आंखों से नहीं देखा जा सकता है। वह **सर्वोच्च में सर्वोच्च** है, ब्रह्मांड का आधार है, सर्वोच्च व्यक्ति है जिससे ब्रह्मांड प्रकट होता है।

मुंडक उपनिषद 3.1.3:

यदा पश्यः पश्यतेरुक्मवर्ण कर्तारमीशं पुरुषं ब्रह्मयोनिम्

तदा विद्वान् पुण्यपापेविधूय निरञ्जनः परमं साम्यमुपैति

जब द्रष्टा **सुनहरे व्यक्तित्व को देखता है** , रचनाकारों के निर्माता और सभी कारणों के कारण **भगवान शिव, सर्वोच्च भगवान** , ब्रह्मा के पूर्वज, तब बुद्धिमान द्रष्टा गुण और दोष को दूर कर देता है, बेदाग हो जाता है और सारुप्य (भगवान शिव के रूप को प्राप्त करता है) को प्राप्त करता है →(यहां एक बात ध्यान देने योग्य है : व्यक्तिगत आत्मा के भगवान शिव के रूप को प्राप्त करने के बाद भी यह अभी भी भगवान शिव के अधीन है और महा कैलाश में परम शिव और परा शक्ति का शाश्वत सेवक बना हुआ है)

श्वेताश्वतर उपनिषद 3.9, महानारायण 12.13:

यस्मात् परं नापरमस्ति किञ्चिद्यस्मान्नणीयोन ज्यायोऽस्ति कश्चित्
वृक्ष इव स्तब्धोदिवि तिष्ठत्येकस्तेनेदं पूर्ण पुरुषेण सर्वम्

पूरा ब्रह्मांड वेद पुरुष से भरा है (वेद पुरुष परम शिव हैं, उपनिषद कहते हैं: पुरुषशो वै रुद्रः), **जिनके लिए कुछ भी श्रेष्ठ नहीं है** , जिनसे कुछ अलग नहीं है, जिनसे कुछ भी छोटा या बड़ा नहीं है; वह अकेला खड़ा है, एक पेड़ के रूप में गतिहीन, अपनी महिमा में स्थापित हैं।

श्वेताश्वतर उपनिषद 6.9:

न तस्य कश्चित् पतिरस्ति लोके न चेशिता नैव च तस्य लिङ्गम्
स कारणं करणाधिपाधिपो न चास्य कश्चिज्जनिता न चाधिपः

भगवान शिव का इस संसार में कोई स्वामी नहीं है, कोई शासक नहीं है और न ही उनका कोई चिन्ह है जिससे उनका अनुमान लगाया जा सके। वह **सभी का परम कारण है** और व्यक्तिगत आत्माओं का शासक है। **वह पूर्वज या** नियंत्रक के बिना है

अथर्वशिख उपनिषद 3:

कारणं कारणानां ध्याता कारणं तुध्येयः सर्वैश्वर्यसम्पन्नः शंभुराकाशमध्ये

सभी कारणों का कारण ध्यानी नहीं है। केवल कारण पर ध्यान करना है। शंभू जो सभी के भगवान हैं, और जो सभी सिद्धियों से संपन्न हैं, उनका ध्यान आकाश (हृदय के) के बीच में होना चाहिए।

शिव एको ध्येयः शिवंकरः सर्वमन्यत्परित्यज्य समस्ताथर्वशिखैतामधीत्य

भगवान शिव का ही ध्यान करना है, शिव अच्छे के दाता हैं। ब्रह्मा, विष्णु और इंद्र जैसे देवताओं सहित बाकी सब कुछ छोड़ दें। इस प्रकार अथर्वशिख का समापन होता है।

योगतत्व उपनिषद श्लोक 98-101 और योगयाज्ञवल्क्य स्मृति अध्याय 8 श्लोक 22-25:

बिन्दुरूपं महादेवं व्योमाकारं सदाशिवम्
शुद्धस्फटिकसङ्काशं धृतबालेन्दुमौलिनम्

पञ्चवक्त्रयुतं सौम्यं दशबाहुं त्रिलोचनम्
सर्वायुधैर्धृताकारं सर्वभूषणभूषितम्

उमार्धदेहं वरदं **सर्वकारणकारणम्**

सदाशिव महादेव का चिंतन करना चाहिए, जो बिंदु के रूप में हैं, जो शुद्ध स्फटिक की तरह चमक रहे हैं, जिनके माथे पर अर्धचंद्राकार, पांच मुखी, दस हाथ, तीन आंखें हैं, जिनके पास एक सुंदर चेहरा है, जो सभी हथियारों से लैस हैं। सभी आभूषणों से अलंकृत, शरीर के एक आधे भाग पर पराशक्ति उमा के साथ और उपकार और सभी कारणों का कारण देने के लिए तैयार।

स्कंद महा पुराण काशी खंड उत्तरार्ध अध्याय 95 में ऋषि व्यास काशी में प्रवेश करते हैं और अहंकार में कहते हैं कि विष्णु (व्यास अहंकार में कहते हैं कि) सर्वोच्च हैं और व्यास के मुंह से ऐसी बात सुनकर सभी ऋषि दंग रह गए। नंदी (भगवान शिव का बैल वाहक) अपनी दृष्टि से व्यास की भुजाओं को पंगु बना देता है। उस समय विष्णु वहाँ आते हैं और वे इस प्रकार कहते हैं:

स्कंद महा पुराण काशी खंड उत्तरार्द्ध अध्याय 95 श्लोक 48-52:

ततो गुप्तं समागम्य विष्णुर्व्यासमभाषत
अपराद्धं महच्चात्र भवता व्यास निश्चितम्

तवैतदपराधेन भीतिर्मेऽपि महत्तरा
एक एव हि विश्वेशो द्वितीयो नास्ति कश्चन

तत्प्रसादादहं चक्री लक्ष्मीशस्तत्प्रभावत
त्रैलोक्यरक्षासामर्थ्यं दत्तं तेनैव शंभुना

तन्द्रक्त्या परमैश्वर्यं मया लब्धं वरात्ततः
इदानीं स्तुहि तं शंभुं यदि मे शुभमिच्छसि

अन्यदापि न वै कार्यं भवता शेमुषीदृशी
पाराशर्य इति श्रुत्वा संज्ञया व्याजहार ह

विष्णु ने ऋषि व्यास से कहा: "हे व्यास, निश्चित रूप से आपने एक बड़ा अपराध किया है। तुम्हारे इस अपराध से मैं भी बहुत डरता हूँ। ब्रह्मांड का केवल एक ही भगवान है और वह विश्वेश (भगवान शिव) है। कोई और नहीं है। मैं चक्रधारी हूँ, उन्हीं की कृपा से। मैं उनकी शक्ति के कारण लक्ष्मी का स्वामी हूं। शंभू ने ही मुझे तीनों लोकों को धारण करने की क्षमता प्रदान की थी। उनकी भक्ति के कारण मुझे उनसे वरदान के रूप में सबसे बड़ी ऐश्वर्य (समृद्धि) प्राप्त हुई। यदि तुम मेरा कल्याण चाहते हो तो केवल शंभू की स्तुति करो। हे पराशर के पुत्र, किसी अन्य अवसर पर मेरी स्तुति करने के लिए इस तरह का विचार मत करो"।

जिसके बाद ऋषि व्यास भगवान शिव के लिए एक सुंदर अष्टक गाते हैं और उन्हें सर्वोच्च वास्तविकता बताते हैं और किसी को नहीं।

स्कंद महा पुराण काशी खंड उत्तरार्द्ध अध्याय 95 श्लोक 56:

एको रुद्रो न द्वितीयो यतस्तद्ब्रह्मैवैकं नेह नानास्ति किंचित्
यद्यप्यन्यः कोपि वा कुत्रचिद्वा व्याचष्टां तद्घस्य शक्तिर्मदग्रे

ऋषि व्यास भगवान शिव से कहते हैं: ब्रह्म ही एक है। कई सर्वोच्च वास्तविकताएं नहीं हो सकतीं। रुद्र ही है। उसके अलावा दूसरा कोई नहीं है। यदि कहीं और कोई है, तो जो ऐसा कहने की क्षमता रखता है, वह मुझे समझाए।

ऋषि व्यास ने अष्टक को समाप्त करते हुए कहा (श्लोक 63):

नान्यं देवं वेद्म्यहं श्रीमहेशात्रान्यं देवं स्तौमि शंभोर्ऋतेऽहम्
नान्यं देवं वा नमामि त्रिनेत्रात्सत्यं सत्यं सत्यमेतन्मृषा न

मैं श्री महेश के अलावा किसी अन्य भगवान को नहीं जानता; मैं शंभू को छोड़ किसी और भगवान की स्तुति नहीं करता; मैं तीन आंखों वाले के अलावा किसी अन्य भगवान के समक्ष नहीं झुकता। यही सच है, सच है, सच है झूठ नहीं।

कूर्म पुराण सर्ग 2 (ईश्वर गीता) अध्याय 3 श्लोक 20, 21:

नास्ति मत्तः परं भूतं मां विज्ञाय मुच्यते
नित्यं हि नास्ति जगति भूतं स्थावरजङ्गमम्
ऋते मामेकमव्यक्तं व्योमरूपं महेश्वरम्

भगवान शिव कहते हैं: **मुझसे बड़ा कोई नहीं है, सबका परम कारण मैं ही हूं। मुझे ही जान लेने से ही मुक्ति हो जाती है।** मेरे, महेश्वर के अपवाद(अलावा) ब्रह्मांड में चल और गतिहीन सहित जीवित प्राणी शाश्वत नहीं हैं।

इस तरह के और भी कई संदर्भ मिलते हैं जहां वे सभी अंततः ब्रह्मा, विष्णु और इंद्र जैसे देवताओं सहित भगवान शिव को आत्मसमर्पण करते हैं। केवल भगवान शिव ही उन सभी कारणों के कारण हैं जिनका ध्यान मुक्ति पाने के लिए किया जाना चाहिए, किसी और का नहीं।

ऋषि विश्वानर कहते हैं कि भगवान शिव का एक परम रूप है और वह कई अन्य रूपों में भी प्रकट होते हैं।

कहा जाता है कि महादेव का महा कैलाश में एक परम रूप (मूल मूर्ति) है जो सर्वोच्च आध्यात्मिक दुनिया है। परम शिव और परा शक्ति की सेवा करोड़ों और करोड़ों मुक्त आत्माओं द्वारा की जाती है।

वेदों, उपनिषदों, आगमों, पुराणों आदि में भगवान शिव का सबसे अधिक बोला जाने वाला रूप वह रूप है जहां उन्हें पांच सिर (सद्योजाता, वामदेव, अघोरा, तत्पुरुष, ईशान), दस हाथों के साथ स्फटिक समान सफेद रंग के रूप में वर्णित किया गया है। तीन आंखें, जिनके पास एक मनभावन

मुख है, जो सभी आभूषणों से सुशोभित हैं, उनके पूरे शरीर में भस्म है, उनकी बाईं गोद में परा शक्ति (या) उमा (या) अंबिका (या) ललिता त्रिपुरसुंदरी बैठी है।

भगवान शिव का यह पांच सिर वाला, दस हाथ वाला रूप भगवद् गीता का सार है। आजकल हर कोई सोचता है कि भगवद् गीता कृष्ण के वचन हैं और यह एक वैष्णव शास्त्र है। लेकिन जो सभी शास्त्रों का विस्तार से विश्लेषण करता है वह निश्चित रूप से समझ जाएगा कि भगवद् गीता भगवान शिव के वचन हैं और यह शिव तत्व का उपदेश दे रहा है। कृष्ण (या) विष्णु केवल एक उपकरण है जो भगवान शिव के संदेश को अर्जुन तक पहुंचाने के लिए आता है। भगवद् गीता का सार भगवान शिव कैसे हैं, इसे समझने के लिए आइए शास्त्रों में कुछ दिलचस्प संदर्भ देखें।

कूर्म पुराण सर्ग 1 अध्याय 30 श्लोक 60-62:

दृष्ट्वानसि तं देवं विश्वाक्षं विश्वतोमुखम् ।
प्रत्यक्षमेव सर्वेशं रुद्रं सर्वजगन्मयम् ।।

ज्ञानं तदैश्वरं दिव्यं यथावद् विदितं त्वया ।
स्वयमेव हृषीकेशः प्रीत्योवाच सनातनः ।।

गच्छ गच्छ स्वकं स्थानं न शोकं कर्तुमर्हसि ।
व्रजस्व परया भक्त्या शरण्यं शरणं शिवम् ।।

ऋषि व्यास अर्जुन से कहते हैं: आपने भगवान शिव को प्रत्यक्ष रूप से देखा है, जिनके पास सार्वभौमिक दृष्टि है, जिनके चारों ओर चेहरे हैं जो ब्रह्मांड स्वरूप हैं। भगवान शिव के बारे में वह दिव्य ज्ञान आपके द्वारा ठीक समझा गया है। विष्णु स्वयं गुरु के रूप में आए और आपको इसका वर्णन किया। अपने-अपने घर जरूर जाएं। आपको शोक करना शोभा नहीं देता। सबसे बड़ी भक्ति के साथ भगवान शिव की शरण लेना ही एकमात्र व्यक्तित्व है जो शरण देने के योग्य है।

ऋषि व्यास ने अर्जुन से जो कहा है, उसी तरह उपनिषदों में भी महादेव के सार्वभौमिक रूप की व्याख्या की गई है।

श्वेताश्वतर उपनिषद 3.3, महानारायण उपनिषद, शिव संकल्पः

विश्वतश्चक्षुरुत विश्वतोमुखो विश्वतोबाहुरुत विश्वतस्पात् ।

सं बाहुभ्यां धमति सम्पतत्रैर्द्यावाभूमी जनयन् देव एकः ॥

भगवान शिव के नेत्र सर्वत्र, मुख सर्वत्र, भुजाएँ सर्वत्र और पैर सर्वत्र हैं। वह सभी प्राणियों को अपनी भुजाओं से एक साथ लाता है, उन्हें अपने पैरों से घेर लेता है, स्वर्ग और पृथ्वी का निर्माण करता है और वह अभी भी किसी दूसरे के बिना अकेले(एक रूप में) रहता है।

इसके अलावा, कई अन्य संदर्भ हैं जो बताते हैं कि भगवद् गीता मूल रूप से भगवान शिव द्वारा दी गई थी। कूर्म पुराण का दूसरा सर्ग ईश्वर गीता के बारे में बात करता है जो भगवान शिव द्वारा दिया गया ज्ञान है। ईश्वर गीता के अंत में, यह वर्णन करता है कि कैसे यह ज्ञान एक ऋषि से दूसरे ऋषि तक पहुँचाया गया। एक श्लोक आगे कहता है:

कूर्म पुराण सर्ग 2 (ईश्वर गीता) अध्याय 11 श्लोक 131, 132:

नारायणोऽपि भगवान् देवकीतनयो हरिः
अर्जुनाय स्वयं साक्षात् दत्तवानिदमुत्तमम्

देवकी के पुत्र नारायण, हरि ने अर्जुन को भगवान शिव के बारे में यह उत्कृष्ट ज्ञान दिया।

ये सभी संदर्भ इस तथ्य की पुष्टि करते हैं कि यह भगवान शिव हैं जिन्होंने वास्तव में भगवद् गीता में सार्वभौमिक रूप (विश्वरूप) दिखाया था, न कि कृष्ण। कृष्ण अर्जुन के लिए पशुपति शिव तत्व के बारे में समझाने के लिए गुरु के रूप में आते हैं। इसके अलावा, मूल रूप से भगवान शिव द्वारा दी गई ईश्वर गीता को भगवद् गीता के रूप में पारित किया गया था जैसा कि कूर्म पुराण से उपरोक्त संदर्भ में कहा गया है।

महाभारत अश्वमेध पर्व अध्याय 16 श्लोक 6-7:

यत्तु तद्द्वता प्रोक्तं पुरा केशव सौहृदात्
तत्सर्वं पुरुषव्याघ्र नष्टं मे व्यग्रचेतसः
मम कौतूहलं त्वस्ति तेष्वर्थेषु पुनः पुनः

अर्जुन ने कृष्ण से पूछा: युद्ध के मैदान में तुमने जो कुछ भी मुझसे कहा था, वह मेरे मन की चंचलता के कारण मेरे द्वारा भुला दिया गया है। हालाँकि, मैं बार-बार उन सत्यों के विषय के बारे में उत्सुक रहा हूँ।

कृष्ण अर्जुन को उत्तर देते हैं (श्लोक 10-13):

न च साऽद्य पुनर्भूयः स्मृतिर्मे सम्भविष्यति
नूनमश्रद्धानोऽसि दुर्मेधा ह्यसि पाण्डव

न च शक्यं पुनर्वक्तुमशेषेण धनंजय
स हि धर्मः सुपर्याप्तो ब्रह्मणः पदवेदने

न शक्यं तन्मया भूयस्तथा वक्तुमशेषतः
परं हि ब्रह्म कथितं योगयुक्तेन तन्मया

युद्ध के मैदान में जो कुछ मैंने तुमसे कहा था, वह सब अब मेरे पास नहीं आएगा। निःसंदेह, हे पांडु पुत्र, आप विश्वास के पात्र नहीं हैं और आपकी समझ अच्छी नहीं है। **हे धनंजय, मेरे लिए यह असंभव है कि उस अवसर पर मैंने जो कुछ कहा, उसे विस्तार से दोहराना।** वह धर्म जिसके बारे में आपको तब प्रवचन दिया गया था, वह ब्रह्म (परम वास्तविकता परम शिव) को समझने के लिए पर्याप्त से अधिक है। **मैं इस पर फिर से विस्तार से चर्चा नहीं कर सकता। मैंने योग में एकाग्र होकर आपको परम ब्रह्म पर प्रवचन किया।**

कृष्ण उसी प्रवचन को प्रदान करने में असमर्थता व्यक्त करते हैं जो उन्होंने अर्जुन को युद्ध के मैदान में दिया था क्योंकि वह परम शिव (**परं हि ब्रह्म कथितं योगयुक्तेन तन्मया**) के साथ योगिक संघ में थे जब भगवद् गीता का पाठ किया गया था। इस तथ्य का समर्थन करते हुए, भगवद् गीता 11.8 कहती है दिव्यं ददामि ते चक्षुः पश्य मे **योगमेश्वरम्** (दिव्यं ददामि ते चक्षुः पश्य मे योगमैश्वरम्) जिसका अर्थ है "हे अर्जुन, दिव्य आंखों से, ईश्वर (भगवान शिव) के परम रूप को देखो"। यहाँ **"योग"** शब्द का प्रयोग पहले की तरह हुआ है। यह बताता है कि कैसे कृष्ण ईश्वर (परम शिव) के साथ योगिक मिलन में थे। कूर्म पुराण के संदर्भ भी इस तथ्य की पुष्टि करते हैं कि यह भगवान शिव थे जिन्होंने अर्जुन को सार्वभौमिक रूप दिखाया था।

महाभारत द्रोण पर्व अध्याय 202 श्लोक 4-11:

अर्जुन उवाच ।
सङ्ग्रामे न्यहनं शत्रूञ्शरौघैर्विमलैरहम् ।
अग्रतो लक्षये यान्तं पुरुषं पावकप्रभम् ।।

ज्वलन्तं शूलमुद्यम्य यां दिशं प्रतिपद्यते ।
तस्यां दिशि विदीर्यन्ते शत्रवो मे महामुने ।।

तेन भग्नानरीन्सर्वान्मद्भग्नान्मन्यते जनः ।
तेन भग्नानि सैन्यानि पृष्ठतोऽनुव्रजाम्यहम् ।।

भगवंस्तन्ममाचक्ष्व को वै स पुरुषोत्तमः ।
शूलपाणिर्मया दृष्टस्तेजसा सूर्यसन्निभः ।।

न पद्भ्यां स्पृशते भूमिं न च शूलं विमुञ्चति ।
शूलाच्छूलसहस्राणि निष्पेतुस्तस्य तेजसा ।।

अर्जुन ने ऋषि व्यास से पूछा: हे महान ऋषि, जब मैं उज्ज्वल बाणों के साथ युद्ध में अपने दुश्मनों को मारने में लगा हुआ था, तो मैंने लगातार अपने सामने अपने रथ के सामने आगे बढ़ते हुए, एक तेज तेज और अग्नि के तेज से संपन्न व्यक्ति को देखा । जहाँ भी वह अपने ऊपर उठे हुए भाले के साथ आगे बढ़ता, सभी शत्रु योद्धा उसके सामने मारे जाते देखे गए। वास्तव में जो उसके द्वारा मारे गए, लोग मानते थे कि मेरे द्वारा मारे गए शत्रुओं हैं। मैंने केवल उन्हें नष्ट किया जो उसके द्वारा पहले ही नष्ट हो चुके थे। हे पवित्र, मुझे बताओ कि वह सबसे प्रमुख व्यक्ति कौन था, जो भाले से लैस था, जो स्वयं सूर्य के समान था, जिसे मैंने इस प्रकार देखा था? उन्होंने न तो अपने पैरों से पृथ्वी को छुआ और न ही एक बार भी अपना भाला फेंका। उसकी अनंत शक्ति के परिणाम में, उसके द्वारा धारण किए गए एक भाले से हजारों भाले निकले और सभी योद्धाओं को मार डाला।

व्यास उवाच।
प्रजापतीनां प्रथमं तैजसं पुरुषं प्रभुम् ।
भुवनं भूर्भुवं देवं तेजसां प्रवरं प्रभुम् ।।

ईशानं वरदं पार्थ दृष्ट्वानसि शङ्करम् ।
तं गच्छ शरणं देवं वरदं भुवनेश्वरम् ।।

महादेवं महात्मानमीशानं जटिलं विभुम् ।
त्र्यक्षं महाभुजं रुद्रं शिखिनं चीरवाससम् ।।

ऋषि व्यास ने अर्जुन को उत्तर दिया: हे अर्जुन, आपने भगवान शिव के अलावा और किसी को नहीं देखा है, जो सभी का पहला कारण है व जिससे प्रजापति उत्पन्न हुए हैं, वह प्रचंड शक्ति से संपन्न होने के कारण, वह स्वर्ग, पृथ्वी और आकाश स्वरूप है, दिव्य भगवान, ब्रह्मांड के रक्षक, महान गुरु, वरदान देने वाले, परम शासक (ईशान) भी। उस वरदान देने वाले भगवान को समर्पण करो जो ब्रह्मांड के स्वामी हैं। उन्हें महादेव कहा जाता है, सर्वोच्च आत्मा, एकमात्र भगवान, जिनके सिर पर जटाएं (बाल) हैं, शुभता का निवास है। उनकी तीन आंखें और शक्तिशाली भुजाएं हैं, उन्हें रुद्र (सभी दुखों को दूर करने वाला) कहा जाता है, उनके जटाएं (बाल) मुकुट के आकार में बंधे होते हैं और उनका शरीर (नरसिंह व)जानवरों की खाल से ढका होता है।

महाभारत में उपरोक्त संदर्भ तब है जब महाभारत युद्ध के पंद्रहवें दिन के बाद अर्जुन ऋषि व्यास के पास जाता है और प्रश्न करता है कि वह व्यक्ति कौन था जो वास्तव में युद्ध के मैदान में उसके सभी दुश्मनों को मारकर उसकी मदद कर रहा था और उसे जवाब मिलता है कि यह भगवान शिव थे जिन्होंने युद्ध के मैदान में अपने सभी दुश्मनों को मार डाला था और अर्जुन को सिर्फ एक उपकरण के रूप में इस्तेमाल किया गया था। भगवान शिव की कृपा से ही कृष्ण और पांडव युद्ध जीतने में सक्षम थे, अन्यथा नहीं। यह नीचे भगवद् गीता श्लोक के साथ खूबसूरती से जुड़ा हुआ है।

भगवद् गीता 11.32:

कालोऽस्मि लोकक्षयकृत्प्रवृद्धो लोकान्समाहर्तुमिह प्रवृत्तः ।
ऋतेऽपि त्वां न भविष्यन्ति सर्वे येऽवस्थिताः प्रत्यनीकेषु योधाः ॥

मैं समय हूं, मैं दुनिया का महान संहारक हूं, और मैं यहां सभी लोगों को नष्ट करने आया हूं। आप पांडवों को छोड़कर यहां दोनों ओर के सभी सैनिक मारे जाएंगे।

अब हम इसे द्रोण पर्व के अंतिम अध्याय के संदर्भ से जोड़ सकते हैं जैसा कि इससे पहले कहा गया है। यह भगवान शिव हैं जिन्होंने महाभारत युद्ध में पांडवों के दुश्मनों को नष्ट किया था, न कि कृष्ण या अर्जुन । यह भगवान शिव हैं जो कृष्ण को एक साधन के रूप में उपयोग करके भगवद् गीता का संदेश देते हैं। भगवद् गीता के अनुसार केवल भगवान शिव ही समर्पण का सार और एकमात्र उद्देश्य हैं।

भगवान शिव का सार्वभौम रूप

एक और दिलचस्प संदर्भ है जहां विष्णु लक्ष्मी को समझाते हैं कि सांब शिव भगवद् गीता का सार है और भगवान शिव का रूप भगवद् गीता का रूप है।

पद्म पुराण उत्तर खंड अध्याय 175 श्लोक 5, 7-13:

शयालुरसि दुग्धाब्धौ भगवन्केन हेतुना

लक्ष्मी ने विष्णु से कहा: आप किस उद्देश्य से दूधिया सागर में सो रहे हैं?

नाहं सुमुखि निद्रालुर्निजं माहेश्वरं वपुः
दृशा तत्वानुवर्त्तिन्या पश्याम्यंतर्निमग्नया

कुशाग्रया धिया देवि यदंतर्योगिनो हृदि
पश्यंति यच्च वेदानां सारं मीमांसते भृशम्

तदेवमक्षरं ज्योतिरात्मरूपमनामयम्
अखंडानंद संदोह निष्पादि द्वैतवर्जितम्

यदाश्रया जगद्वृत्तिर्यन्मया चानुभूयते
न येन रहितं किंचिज्जगत्त्वं चराचरम्

निर्मथ्य बहुधालोक्य वेदशास्त्रांबुधिं सुधीः
द्वैपायनो यदासाद्य गीताशास्त्रं निसृष्ट्वान्

यदास्थाय महानंदमानंदीकृतमानसः
निद्रालुरिव देवेशि दुग्धाब्धौ प्रतिभामि वै

इति तस्य मुरारातेर्मितमानंदवद्वचः
सा हर्षोत्फुल्ललोलाक्षी लक्ष्मी श्रुत्वा विसिस्मिरे

विष्णु ने लक्ष्मी से कहा: मैं दूधिया सागर में नहीं सो रहा हूँ। मैं भीतर की ओर केंद्रित हूं और परम सत्य महेश्वर का पीछा करने और समझने की कोशिश कर रहा हूं जो सभी जीवों के दिल में है। वह (भगवान शिव) जिसे चिन्तनशील संत अपनी तीक्ष्ण बुद्धि से अपने हृदय में देखने का प्रयास करते

हैं, जो किसी दूसरे के बिना एक(एकमात्र) हैं , अविनाशी, अविनाशी ज्योति है, जिसका सहारा लेकर सारा संसार रहता है, जिसके बिना इस दुनिया में चल या अचल कोई तत्व नहीं है, जो मुझे अनुभव होता है। उस परम आनंद का अनुभव कर(भगवान शिव की कृपा से) बुद्धिमान व्यास ने गीता और पवित्र वेदों का निर्माण किया। ऐसा प्रतीत होता है कि मैं दूधिया सागर में सो रहा हूं, लेकिन वास्तव में उस परम आनंद (हृदय में भगवान शिव का ध्यान) का सहारा लेकर मेरा मन प्रसन्न है।

पद्म पुराण उत्तर खंड अध्याय 175 श्लोक 14-18:

तस्मात्त्वत्तः परं यत्तच्छ्रोतुं कौतूहलं हि मे
चराचराणां लोकानां कर्त्ता हर्त्ता स्वयं प्रभुः
यथास्थितस्ततोऽन्यत्वं यदि मां बोधयाच्युत

लक्ष्मी विष्णु से पूछती हैं: "मुझे तुमसे सुनने की बड़ी उत्सुकता है, उसके बारे में जो तुमसे ऊँचा है। हे अच्युत, मुझे बताओ कि क्या तुमसे अलग कुछ है जो दुनिया के स्वामी, निर्माता और संहारक हैं"

मायामयमिदं देवि वपुर्मे न तु तात्त्विकम्
सृष्टिस्थित्योपसंहारक्रियाजालोपबृंहितम्

अतोऽन्यदात्मनोरूपं द्वैताद्वैतविवर्जितम्
भावाभावविनिर्मुक्तमाद्यंतरहितं प्रिये

शुद्धसंवित्प्रभालाभं परानंदैकसुंदरम्
रूपमैश्वरमात्मैक्यगम्यं गीतासु कीर्तितम्

विष्णु लक्ष्मी को उत्तर देते हैं: हे देवी, मेरा शरीर शाश्वत(व असली) नहीं है (यह विनाश के लिए बाध्य है), और सृजन, रखरखाव और वापसी(विनाश) के कार्यों के द्रव्यमान के साथ संवर्धित है। स्वयं का स्वभाव इससे भिन्न है। यह द्वैत और एकता के बिना है। यह अस्तित्व और गैर-अस्तित्व से मुक्त है; बिना शुरुआत या अंत के। यह शुद्ध चैतन्य है, आभा प्राप्त है, अति आनन्द के कारण सुन्दर है, वास्तव में भगवान शिव का ही रूप है और इसे अंतरात्मा (भगवान शिव) की अनुभूति से ही जाना जा सकता है और यही गीता में बताया गया है।

पद्म पुराण उत्तर खंड अध्याय 175 श्लोक 26-28: विष्णु आगे लक्ष्मी से कहते हैं कि संपूर्ण भगवद् गीता भगवान शिव का दिव्य रूप है।

शृणु सुश्रोणि वक्ष्यामि गीतासु स्थितिमात्मनः
वक्त्राणि पंच जानीहि पंचाध्यायाननुक्रमात्

दशाध्याया भुजाश्चैक उदरं द्वौ पदांबुजे
एवमष्टादशाध्याया वाङ्मयी मूर्तिरैश्वरी

विज्ञेया ज्ञानमात्रेण महापातकनाशिनी

मैं आपको गीता में अपने दृढ़ अस्तित्व के बारे में बताऊंगा। पांच अध्याय क्रम में भगवान शिव के पांच चेहरे हैं। अगले दस अध्याय भगवान शिव के दस हाथ हैं; एक पेट है, और शेष दो भगवान शिव के चरण कमल हैं। इस प्रकार अठारह अध्याय भगवान शिव के दिव्य रूप हैं। इसका ज्ञान प्राप्त करने से सभी बड़े पाप नष्ट हो जाते हैं।

यहाँ विष्णु इस बात पर प्रकाश डालते हैं कि भगवद् गीता भगवान शिव और उनके दिव्य रूप के बारे में है: शुद्धा स्फटिक संकाशम् पंचवक्त्रकम दशा भुजम त्रिनेत्रम - स्फटिक समान सफेद स्वरूप, पांच चेहरे, दस हाथ, तीन-आंख, आदि। वेदों, उपनिषदों, स्मृतियों, पुराणों, उप-पुराणों में सर्वत्र पंचमुखी, दस भुजाओं वाले रूप को केवल भगवान शिव का ही बताया गया है, किसी और का नहीं। हमने गरुड पुराण, योग तत्व उपनिषद और योग याज्ञवल्क्य स्मृति के संदर्भ देखे। आइए कुछ और संदर्भ देखें:

वराह पुराण अध्याय 144 श्लोक 20:

शिवं सौम्यमुमाकान्तं भक्तानुग्रहकातरम् ।
नतोऽस्मि पंचवदनं नीलकण्ठं त्रिलोचनम् ।।

चंद्र भगवान शिव से कहते हैं: मैं तीन-आंखों, पांच-मुखी, नीली गर्दन वाले, भगवान शिव को नमन करता हूं, जो उमा के स्वामी हैं, जो शांत और भक्तों को आशीर्वाद देने के लिए उत्सुक हैं।

पद्म पुराण क्रिया योग सार खंड अध्याय 13 श्लोक 110: नमस्ते पंचक्त्ताय

ब्राह्मण कहते हैं: पांच मुखी भगवान शिव को नमन

नारद पुराण पूर्व भाग अध्याय 16 श्लोक 84: नमः पञ्चास्यदेवाय

ऋषि भगीरथ कहते हैं: पांच मुखी भगवान शिव को नमन

नारद पुराण उत्तर भाग अध्याय 73 श्लोक 42:

ईशान ते तत्पुरुष नमो घोराय ते सदा
वामदेव नमस्तेऽस्तु सद्योजाताय वै नमः

ऋषि जैमिनी भगवान शिव से कहते हैं: सद्योजाता, वामदेव, अघोरा, तत्पुरुष, ईशान को मेरा प्रणाम।

उपनिषदों से पंच ब्रह्म सूक्तम भगवान शिव के पांच चेहरों की महिमा करता है। पंच ब्रह्म उपनिषद नामक एक अलग उपनिषद है जिसमें भगवान शिव के पांच चेहरों का विस्तार से वर्णन किया गया है।

शिव सहस्रनाम के जाप से पहले आमतौर पर एक प्रसिद्ध ध्यान मंत्र का पाठ किया जाता है जो इस प्रकार है:

शान्तं पद्मासनस्थं शशिधरमकुटं पञ्चवक्त्रं त्रिनेत्रं
शूलं वज्रं च खड्गं परशुमऽभयदं दक्षभागे वहन्तम्
नागं पाशं च घण्टां प्रलयहुतवहं साङ्कुशं वामभागे
नानालङ्कारयुक्तं स्फटिकमणिनिभं पार्वतीशं नमामि

मैं माता पार्वती के स्वामी को नमस्कार करता हूं, जो हमेशा शांत रहते हैं, जो कमल की मुद्रा में बैठते हैं, जो अपने मुकुट पर अर्धचंद्र धारण करते हैं, जिनके पांच मुख हैं, जिनकी तीन आंखें हैं, जो अपनी दाहिनी ओर धारण करते हैं: त्रिशूल, वज्र, तलवार, कुल्हाड़ी और शरण का चिन्ह, जो अपनी बाईं ओर धारण करते है: साँप, रस्सी, घंटी, अग्नि और बकरी, जिसे खूबसूरती से सजाया गया है और जो दिखने में स्फटिक समान सफेद जैसा है।

भगवान शिव का पञ्चमुखी दस हाथ वाला रूप

तो चाहे महाभारत की भगवद् गीता, कूर्म पुराण की ईश्वर गीता, पद्म पुराण की शिव गीता, शिव रहस्य इतिहास की ऋभु गीता आदि इन सभी में सार केवल भगवान शिव हैं और कोई नहीं । भगवद् गीता एक शैव धर्मग्रंथ है और कई शैव आचार्यों ने इस पर एक टिप्पणी दी है, यह साबित करने के लिए शास्त्रों से और भी कई संदर्भ मिलते हैं।

हम देख सकते हैं कि कैसे भगवान शिव को भगवद् गीता के सार के रूप में वर्णित किया गया है। शास्त्रों का समग्र रूप से विश्लेषण करके ही कोई इस निष्कर्ष पर पहुंच सकता है, अन्यथा नहीं। भगवान शिव से घृणा करने वाले कुछ लोग भगवान शिव को बदनाम करने की हद तक चले जाते हैं। उन्हें करोड़ों जन्मों में भी मुक्ति नहीं मिल सकती। यह बात स्वयं कृष्ण ने अपने भक्त सत्यसंध को बताई है।

सूत संहिता यज्ञवैभव खंड पूर्व भाग अध्याय 25 श्लोक 52, 53:

महादेवं विना यो माम् भजते श्रद्धया सह
नास्ति तस्य विनिर्मोक्षः संसारजन्मकोटिभिः

सर्वमुक्तं समासेना मम भक्तस्य तेनघ
शिवाद अन्यं परित्यज्य शिवं साम्बं सदा भज

कृष्ण सत्यसंध से कहते हैं: महादेव को त्याग कर कोई भी श्रद्धा से मेरी पूजा कर ले, तो करोड़ों जन्मों में भी उन्हें कभी मुक्ति नहीं मिलेगी। अत: सबका त्याग कर साम्ब शिव की पूजा करें और उन्हीं के भजन गाएं

तो बात पर आते हैं, भगवान शिव के इस दिव्य रूप के साथ-साथ उनकी बायीं गोद में बैठी पराशक्ति का शास्त्रों में विभिन्न स्थानों पर महिमामंडन किया गया है। लेकिन महादेव कई अन्य रूपों में प्रकट होते हैं जैसे अर्धनारीश्वर, चिदंबरा नटराज, थिरुवरुर त्यागराज, कल्याण सुंदर मूर्ति, उमा महेश्वर, सोम स्कंद मूर्ति, महा सदाशिव मूर्ति (25-मुखी), सदाशिव मूर्ति (5-मुख, 10-हाथ), चंद्रशेखर मूर्ति , बाला शिव, त्रिपुरा सम्हारा, आदि। इन रूपों को समान रूप से परम शिव के प्रत्यक्ष रूपों के रूप में मनाया जाता है।

जिस तरह से व्यक्ति भगवान शिव की सेवा करना चाहता है, वह वापस महा कैलाश में जाएगा और उस तरह से शक्ति के साथ शिव की सेवा करेगा। अक्का महादेवी के पास भगवान शिव के लिए माधुर्य भावम (पति-पत्नी का रिश्ता, निस्वार्थ प्रेम) था, बेज्ज महादेवी के पास भगवान शिव के लिए वात्सल्य भावम (मातृ स्नेह), माणिकवाचागर, नंदनार, रुद्र पशुपति के पास भगवान शिव के लिए दास्य भावम (नौकर-स्वामी संबंध) था। भक्तों की प्रसन्नता के लिए भगवान शिव उस रूप में प्रकट होते हैं। लेकिन हमें यह समझने की जरूरत है कि ध्यान केवल भगवान शिव के रूपों पर किया जाना चाहिए जो सर्वोच्च आत्मा हैं, न कि ब्रह्मा, विष्णु और इंद्र के, क्योंकि वे व्यक्तिगत आत्माएं हैं।

महा कैलाश में परम शिव सृजन, रखरखाव, संहार, छुपाने और मुक्ति के लिए पांच रूपों में हो जाते हैं। वह मुक्ति के लिए सदाशिव, छिपाने के लिए महेश्वर और विनाश के लिए काल रुद्र के रूप में प्रकट होते हैं। ब्रह्मा और नारायण को सृजन और रखरखाव का कार्य सौंपा गया है। यहां एक बात ध्यान देने योग्य है कि सदाशिव और महेश्वर में महा कैलाश में रहने वाले परम शिव की पूरी चिंगारी है, विनाश का कार्य करने वाले रुद्र में परम शिव की आंशिक चिंगारी है जबकि ब्रह्मा और नारायण व्यक्तिगत आत्माएं (जीवात्मा) हैं जिन्होंने पदों को प्राप्त किया है साधना द्वारा(ब्रह्मा और विष्णु(के) द्वारा की गई भगवान शिव की तपस्या)। ब्रह्मा और विष्णु ऐसे पद हैं जिन्हें साधना द्वारा जीवात्मा द्वारा प्राप्त किया जा सकता है। लेकिन भगवान शिव के सच्चे भक्त को ब्रह्मा और हरि के पदों में कोई दिलचस्पी नहीं है क्योंकि वे विनाश और परिवर्तन के लिए बाध्य हैं।

महाभारत अनुषासन पर्व अध्याय 18 श्लोक 64, 65:

सदृशोऽरण्यवासीनां मुनीनां भावितात्मनाम्
ब्रह्मत्वं केशवत्वं वा शक्रत्वं वा सुरैः सह

त्रैलोक्यस्याधिपत्यं वा तुष्टो रुद्रः प्रयच्छति

ऋषि उपमन्यु कहते हैं: यदि भगवान शिव किसी व्यक्ति पर प्रसन्न होते हैं, तो वह ब्रह्मा, केशव, इन्द्र और सभी देवताओं या तीनों लोकों की संप्रभुता प्रदान कर सकते हैं।

इसलिए ब्रह्मा, हरि, इंद्र और लक्ष्मी के रूपों की पूजा करने से व्यक्ति की आत्मा (जीवात्मा) जन्म और मृत्यु के बार-बार चक्र लेती है क्योंकि वे स्वयं जीव तत्व श्रेणी से संबंधित हैं।

ऋषि विश्वानर ने भगवान शिव को निराकार बताया। यहाँ यह समझना चाहिए कि निराकार का अर्थ रूप के बिना नहीं, **बल्कि बिना भौतिक रूप व सामग्री के होता है** । भगवान शिव का रूप सभी भौतिक रूपों से परे है। हमारा शरीर भौतिक है जो जन्म, बुढ़ापा, रोग और मृत्यु से बंधा है। घास के तिनके से लेकर विष्णु तक सब कुछ जन्म, बुढ़ापा, रोग और मृत्यु से बंधा है। भगवान शिव का दिव्य आध्यात्मिक शरीर चिरस्थायी है और सभी भौतिक रूपों से परे है। यह शाश्वत, अविनाशी और अविनाशी है। उपनिषद भी भगवान शिव के दिव्य आध्यात्मिक रूप को नहीं समझ सकते हैं और इसलिए कभी-कभी उन्हें निराकार के रूप में वर्णित किया जाता है क्योंकि उनका रूप जन्म, वृद्धावस्था, बीमारी या मृत्यु से बंधा नहीं है और भौतिक प्रकृति के तीन गुणों से बंधा नहीं है।

उनके शरीर से निकलने वाले तेजतर्रार तेज के माध्यम से, उनकी उपस्थिति हर जगह महसूस की जा सकती है। मायावादी मुक्ति का वर्णन चेतना →ज्योति बनने के रूप में करते हैं जो कि भगवान शिव के आध्यात्मिक दिव्य शरीर से निकलने वाले वैभव के अलावा और कुछ नहीं है जो शाश्वत है। उनके अनुसार जीव, जगत, ईश्वर और सब कुछ मिथ्या है। लेकिन ऐसा नहीं है। जीव, जगत और ईश्वर शाश्वत हैं और जीव और जगत भगवान शिव के नियंत्रण में हैं। उपनिषदों में दिखाई गई भव्यता के पीछे एक व्यक्तित्व है:

अथर्वशीर उपनिषद:

यो वै रुद्रः स भगवान्यच्च तेजस्तस्मै वै नमोनमः

वह जो रुद्र है वह वास्तव में सर्वोच्च भगवान (परब्रह्म) है। रुद्र को मेरा नमस्कार, जो अनंत वैभव स्वरूप हैं।

ईश उपनिषद श्लोक 15, बृहदारण्यक उपनिषद 5.15.1:

हिरण्मयेन पात्रेण सत्यस्यापिहितं मुखम् ।
तत्त्वं पूषन्नपावृणुसत्यधर्माय दृष्टये॥

हे परम सर्वोच्च वास्तविकता (या) परम सर्वोच्च सांब शिव आपके मुख पर स्वर्ण सा तेज है। हे परम रक्षक, उसे हटा दो और अपना दिव्य आध्यात्मिक रूप मुझ पर प्रकट करो।

यहां भगवान शिव को स्वर्ण वैभव के रूप में वर्णित किया गया है। उनके रूप को वेदों, उपनिषदों, पुराणों आदि में भी स्वर्ण के रूप में वर्णित किया गया है। कुछ उपनिषदों में उन्हें स्वर्ण के रूप में वर्णित किया गया है: मुंडक, छान्दोग्य, तैत्तिरीय, बृहत जाबाल, भस्म जाबाल, ईश, बृहदारण्यक, कैवल्य, आदि। वह एक मात्र ऐसा व्यक्तित्व है जिसे शास्त्रों में सर्वत्र स्वर्णिम रूप में वर्णित किया गया है। उनका उल्लेख शत रुद्रियं (नमो हिरण्यबाहवे), मनु स्मृति, आदि में भी किया गया है। उन्हें अकेले ही स्वर्ण वेद पुरुष (हिरणमय पुरुषः, पुरुषो वै रुद्रः) के रूप में वर्णित किया गया है। ब्रह्मा, विष्णु और इंद्र को स्वर्ण के रूप में वर्णित नहीं किया गया है। भगवान शिव का रंग ही उन्हें शुद्ध सत्त्व (अच्छाई की शुद्ध विधा) बताता है जो ३ गुणों से परे है: अच्छाई की विधा, जुनून की विधा और अज्ञान की विधा और ब्रह्मा, नारायण, काल रुद्र और इंद्र के निर्माता हैं।

ईश उपनिषद श्लोक 16, बृहदारण्यक उपनिषद 5.15.1:

पूषन्नेकर्षे यम सूर्य प्राजापत्य व्यूह रश्मीन् ।
समूह तेजोयत्तेरूपं कल्याणतमं तत्तेपश्यामि योऽसावसौपुरुषः सोऽहमस्मि ॥

हे भगवान शिव, पूरे ब्रह्मांड के एकमात्र नियंत्रक। कृपया अपना स्वर्णिम वैभव (तेज) हटा दें। आपकी कृपा से, मैं आपके उस दिव्य आध्यात्मिक रूप को देखना चाहता हूं जिसमें दिव्य गुण और गुण हों। मैं उस परम पुरुष भगवान शिव का शाश्वत सेवक हूं।

ज्योति पर ध्यान करना सर्वोच्च ध्यान नहीं है बल्कि ज्योति में परा शक्ति के साथ भगवान शिव के दिव्य रूप का ध्यान करना सर्वोच्च ध्यान है। ब्रह्मा और हरि के अहंकार को कुचलने के लिए महादेव अग्नि के एक अनंत स्तंभ (अग्नि स्तम्भ) के रूप में प्रकट हुए। लेकिन उनके पास एक दिव्य आध्यात्मिक रूप है जिस पर लिंग के भीतर ध्यान व विचार किया जाना चाहिए।

शास्त्रों में एक ऐसा स्थान है जहां ऋषि दधीचि सभी ऋषियों को भस्म की महिमा के बारे में बताते हैं। भस्म की महानता के बारे में बताने के लिए वह एक कहानी सुनाते हैं जहां विष्णु भस्म से स्नान करते हैं और भगवान शिव का ज्ञान प्राप्त करने के लिए भस्म खाते हैं।

पद्म पुराण पाताल खंड अध्याय 105 श्लोक 218-233:

दधीच उवाच-
स्ववक्षः स्थितभस्मैकं नखेनादाय शंकरः
प्रणवेनाभिमंत्र्याथ गायत्र्या ब्रह्मभूतया

अंगुलिभ्यामुपादाय शिवः पंचाक्षरेण वै
हरिमस्तकगात्रेषु सर्वेष्वपि समाक्षिपत्

ऋषि दधीचि ने कहा: तब भगवान शिव ने अपने नाखून से हरि की छाती पर भस्म को खुजलाया, उसे ओम और गायत्री से अभिषेक किया, उसे अपनी उंगलियों के बीच ले लिया, और पांच अक्षरों वाले भजन (नमः शिवाय) के साथ उसे सिर पर फेंक दिया और हरि के सभी अंगों पर भी।

शांतदृष्ट्या निरीक्ष्याथ जीवेत्याह हरिं हरः
ध्यायस्व किं ते हृदये स च ध्यानपरोऽभवत्

अपश्यद्धृदये दीपं दीर्घाकारमतिप्रभम्
हरिराह शिवं साक्षाद्दीपो दृष्टो मयेति च

शिवः प्राह न ते ज्ञानं परिपक्कमथो हरे
भस्म भक्षय ते ज्ञानं समग्रं संभविष्यति

शांत आँखों से उसे देखते हुए, भगवान शिव ने विष्णु से कहा: "अपने दिल में क्या है उस पर ध्यान करो। तब विष्णु ध्यान में थे। उनके दिल में, उन्होंने एक दीपक (ज्योति) को बड़े आकार में और बहुत उज्ज्वल देखा। विष्णु ने भगवान शिव से कहा: "मैंने वास्तव में एक दीपक (ज्योति) देखा है।" शिव ने कहा: "हे विष्णु, आपका ज्ञान परिपक्व नहीं है। भस्म खाओ। तब तुम्हारा ज्ञान पूरा हो जाएगा।"

यहां एक महत्वपूर्ण बात ध्यान देने योग्य है कि विष्णु शुरू में ज्योति पर ध्यान करते हैं जो कि भगवान शिव के आध्यात्मिक दिव्य शरीर से निकलने वाले उज्ज्वल वैभव के अलावा और कुछ नहीं है। यह उसकी अनंतता का प्रतिनिधित्व करता है। भले ही उन्होंने अपने वैभव का ध्यान किया था, विष्णु को पूर्ण ज्ञान प्राप्त नहीं हुआ था। विष्णु तब भगवान शिव के आदेश के अनुसार भस्म खाते हैं और फिर उनके हृदय में ध्यान करते हैं।

पुनर्ध्यानपरो भूत्वा दीपमध्ये च पूरुषम्
शुद्धस्फटिकसंकाशं त्रिनेत्रं द्विभुजं शिवम्

वरदं दक्षिणे हस्ते वामे चाभयदं विभुम्
पंचवर्षीयवपुषं शरच्चंद्रायुतद्युतिम्

माणिक्यकुंडलं हेम दामजालविभूषितम्
रत्नांगुलीयसुभगं बाहुकोष्ठसुभूषणम्

तनुरक्तोष्ठमाकर्ण दीर्घायतविलोचनम्
बाणलोचनसंकाशं भाललोचनमव्ययम्

कंदर्पकार्मुकभ्रांतिजनकभ्रुवमीश्वरम्
स्निग्धोन्नत सुचार्वंग नासमच्छकपोलकम्

मंदस्मितं प्रसन्नास्यं बालेंदुदर्शनं विभुम्
विज्ञानरक्तवसनं वेदकल्पितनूपुरम्

वामांगुलीयमध्यस्थमतिप्रणवमव्ययम्
दृष्ट्वानथ तं विष्णुः कृतकृत्योऽभवत्तदा

अथाह शंभुर्भो विष्णो हृदि दृष्टं त्वया किमु
हरिराह पुरा दृष्टः पुरुषः शांतविग्रहः

इत्युदीर्य महाविष्णुः शिवपादे पपात ह

विष्णु ध्यान में लीन हो गए, और ज्योति (दीपक) में, उन्होंने एक शुद्ध स्फटिक की तरह एक व्यक्ति को देखा, जो तीन आंखों और दो हाथों वाले भगवान शिव थे, जिन्होंने दाहिने हाथ से वरदान और बाएं से निर्भयता का वरदान दे रहे थे। जिसका शरीर पाँच वर्ष के बालक के समान था, जिसका तेज असंख्य चन्द्रमाओं के समान था, जिसके कर्ण पन्ने के बने हुए थे, जो हारों की कतार से सुशोभित थे, जो रत्नमय अँगूठी के कारण सुन्दर लग रहे थे। अपने हाथों और छाती आदि पर आभूषण पहने थे, जिनके होंठ छोटे और लाल थे, जिनकी आंखें लंबी थीं और उनके कानों तक पहुंचती थीं, जिनकी आंखें तीरों की तरह तेज थीं, जिनके माथे पर आंख थी, जो अपरिवर्तनीय थे, जिनकी भौंहें कामदेव के धनुष का भ्रम बना रहीं थीं , जो सर्वोच्च भगवान हैं, जिनकी प्यारी नाक ऊंची थी, जिनके गाल बेदाग थे, जिनकी मुस्कान कोमल थी, जिनके चेहरे पर प्रसन्नता थी, जो युवा चंद्रमा की तरह दिखते थे, जो पराक्रमी थे, जिन्होंने लाल रंग लगाया ज्ञान का वस्त्र पहना था, जिसने वेदों की पायल गढ़ी(पहनी) थी, जिसने एक गहना(के समान) ओम् रखा था बाईं उंगली पर और जो अपरिवर्तनीय था। तब विष्णु धन्य हो गए। तब शंभू ने कहा: "हे विष्णु, तुमने अपने दिल में क्या देखा?" विष्णु ने कहा: "पहले मैंने एक सज्जन शरीर के व्यक्ति को देखा।" इतना कहकर विष्णु भगवान शिव के चरणों में गिर पड़े।

यह महसूस करने के बाद कि यह भगवान शिव के अलावा और कोई नहीं है, जो सभी की आंतरिक आत्मा (**अंतर्यामी**) है, विष्णु भगवान शिव के सामने आत्मसमर्पण करते हैं और भस्म और भगवान शिव की महिमा करते(गाते) हैं (**नमस्तेस्तु नमस्तेस्तु त्वामहं शरणं गतः**)

तो यहाँ निष्कर्ष यह है कि विष्णु ने ज्योति के भीतर भगवान शिव के दिव्य आध्यात्मिक रूप का ध्यान करने के बाद पूर्ण ज्ञान प्राप्त किया। इसी तरह, लिंग उनकी अनंतता का प्रतिनिधित्व करता

है। लेकिन ध्यान का उच्चतम रूप लिंग के भीतर परम शिव का रूप है, जिसका ध्यान ब्रह्मा, हरि और इंद्र जैसे देवता भी सदैव (निरंतर) करते हैं। यह उपनिषदों से भी जुड़ा हुआ है जैसा कि पहले उद्धृत किया गया है जहां पहले महादेव की अनंतता बोली जाती है और फिर उपनिषद सर्वोच्च भगवान शिव के सुंदर रूप का वर्णन करने के लिए आगे बढ़ते हैं जो दिव्य गुणों, विशेषताओं और विशेषताओं से भरे होते हैं जो सुनहरे वैभव से आच्छादित होते हैं।

अध्याय 3
त्रय - व्यक्तिगत आत्मा, सर्वोच्च आत्मा, ब्रह्मांड

छंद 3:

रज्जौ सर्पः शुक्तिकायां च रूप्यं नैरःपूरस्तन्मृगाख्ये मरीचौ ।
यद्वत्तद्वद्विष्वगेष प्रपंचो यस्मिञ्ज्ञाते तं प्रपद्ये महेशम् ।।

रस्सी में सर्प, सीप के खोल में चाँदी, मृगतृष्णा में पानी - ऐसे ही जब भगवान शिव को जाना जाता है, तो सारा संसार लोप हो जाता है (संपूर्ण संसार का बंधन मिट जाता है) और सत्य ही रहता है। मैं उस महान भगवान महेश्वर का सहारा लेता हूं।

टिप्पणी:

हमें इस श्लोक को बहुत ध्यान से समझना होगा क्योंकि मायावादी (आदि शंकर के अनुयायी जो प्रचन्ना बौद्ध हैं → आच्छादित बौद्ध) इस पद की गलत व्याख्या करने के लिए जाने जाते हैं।

आइए हम उपनिषदों के कुछ सूत्रों का विश्लेषण करें:

1) महानारायण उपनिषद:

सर्वो वैरुद्रस्तस्मैरुद्राय नमो अस्तु । पुरुषोवैरुद्रः सन्महोनमोनमः ।
विश्वं भूतं भुवनं चित्रं बहुधा जातं जायमानं च यत् । सर्वो ह्येष रुद्रस्तस्मैरुद्राय नमो अस्तु ॥

सब वास्तव में रुद्र (परम शिव) है। रुद्र को, जो सर्वोच्च वास्तविकता है, हम नमस्कार करते हैं। हम बार-बार रुद्र को सलाम करते हैं , जो अकेले प्रकाश और प्राणियों की आत्मा है। भौतिक ब्रह्मांड, निर्मित प्राणी और जो कुछ भी भूतकाल में और वर्तमान में दुनिया के रूप में कई गुना मौजूद और विपुल रूप से बनाया गया है, वह सब वास्तव में रुद्र है। ऐसे रुद्र को नमस्कार है।

छांदोग्य 3.14.1:

सर्वं खल्विदं ब्रह्म तज्जलानिति शान्त उपासीत

वास्तव में, **यह सब ब्रह्म (भगवान शिव) है** । उसी से सब कुछ उत्पन्न होता है और उसी में वे विलीन हो जाते हैं और उसी से सब कुछ कायम रहता है। शांति से उनका ही ध्यान करना चाहिए।

श्वेताश्वतर उपनिषद 3.11:

सर्वव्यापी स भगवांस्तस्मात् सर्वगतः शिवः ॥

भगवान शिव **सर्वव्यापी भगवान** हैं। वह सर्वव्यापी और परोपकारी है।

अथर्वशीर उपनिषद:

स सर्वव्यापी यः सर्वव्यापी सोऽनन्तः योऽनन्त

वह **सर्वव्यापी और अनंत है** ।

2) महानारायण उपनिषद (वही श्लोक श्वेताश्वतर उपनिषद 3.4, श्वेताश्वतर उपनिषद 4.12 में थोड़े संशोधन के साथ आता है):

योदेवानां प्रथमं पुरस्ताद्विश्वाधिकोरुद्रोमहर्षिः ।
हिरण्यगर्भं पश्यत जायमानꣳ स नोदेवः शुभयास्मृत्या संयुनक्तु ॥

सर्वज्ञ रुद्र जो **ब्रह्मांड से श्रेष्ठ है** , जो वेदों में उजागर (व प्रकट) हुआ है, जो सर्वोच्च द्रष्टा है, जिसने हिरण्यगर्भ (ब्रह्मा) को जन्म दिया, जो देवताओं में प्रथम है और जो बाकी सभी से पहले से है हमें स्पष्ट बुद्धि प्रदान करे।

भस्म जाबाल उपनिषद:

मैं चंद्रमा हूं, ब्रह्मांड का सबसे बड़ा, रुद्र, महान ऋषि, और मैं हिरण्यगर्भ और अन्य लोगों को पैदा होते देखता हूं

सोमोऽहमेव जनिता विश्वाधिको रुद्रो महर्षिः हिरण्यगर्भादीनहं जायमानान्पश्यामि

परम शिव कहते हैं: "मैं परा शक्ति (शिव + उमा →सोमा) के साथ सब कुछ बनाता हूं और मैं **ब्रह्मांड से श्रेष्ठ महान द्रष्टा हूं** जिसने हिरण्यगर्भ को जन्म दिया।"

3) **महानारायण उपनिषद:**

कद्रुद्राय प्रचेतसेमीढुष्टमाय तव्यसे ।
वोचेम शंतम॰ हृदे । सर्वोह्येष रुद्रस्तस्मैरुद्राय नमोअस्तु ॥

हम एक ऐसा भजन गाते हैं जो हमें उच्चतम स्तर पर खुशी प्रदान करता है, रुद्र जो एकमात्र प्रशंसा के योग्य है, जो सर्वज्ञ है, जो भक्तों पर अपनी कृपा सबसे उत्कृष्ट रूप से बरसता है, जो सबसे शक्तिशाली है और जो **दिल में निवास करता है सभी जीव और देवता** । वास्तव में यह सब रुद्र है। ऐसे रुद्र को नमस्कार है।

रुद्रं अनुवाक 9 (कृष्ण यजुर्वेद तैत्तिरीय संहिता 4th सर्ग 5th अध्याय), शुक्ल यजुर्वेद वाजसनेयी संहिता 16.46: देवाना॰ हृदयेभ्यो

वह **सभी देवताओं और जीवों के हृदय में निवास करता है** ।

श्वेताश्वतर उपनिषद 3.13 (कठ उपनिषद 2.3.17, श्वेताश्वतर उपनिषद 4.17 में यही श्लोक थोड़े संशोधन के साथ आता है) :

अङ्गुष्ठमात्रः पुरुषोऽन्तरात्मा सदा जनानां हृदये सन्निविष्टः
हृदा मनीषा मनसाभिक्लृप्तो य एतद् विदुरमृतास्तेभवन्ति

एक अंगूठे के आकार में परम पुरुष भगवान शिव, **सभी जीवों के हृदय में आंतरिक स्व के रूप में मौजूद हैं** । जो उन्हें जानते हैं वे अमर हो जाते हैं (मुक्ति प्राप्त करते हैं)।

अथर्वशिख उपनिषद:

कारणं कारणानां ध्याता कारणं तु ध्येयः सर्वैश्वर्यसम्पन्नः शंभुराकाशमध्ये

सभी कारणों के कारण का ही ध्यान करना चाहिए। शंभू जो सभी के सर्वोच्च भगवान हैं, सर्वशक्तिमान, सर्वशक्तिमान, सर्वज्ञ और सभी सिद्धियों से संपन्न हैं, उन्हें हृदय के मध्य के आकाश **(हृदयकाशा या दहरकाशा) में ध्यान करना है।**

उपरोक्त सूत्र से हम देखते हैं कि सूत्र के पहले सेट में, भगवान शिव को सर्वव्यापी के रूप में वर्णित किया गया है, सूत्र के दूसरे सेट में, भगवान शिव को ब्रह्मांड से परे और तीसरे सेट में भगवान शिव को वर्णित किया गया है जो सभी जीवों (व्यक्तिगत आत्माओं) के दिल में मौजूद होने के रूप में वर्णित है। अद्वैत, द्वैत, द्वैतद्वैत आदि का समर्थन करने वाले सूत्र वेदों और उपनिषदों में मौजूद हैं। तो इस मामले में, जब हम एक निष्कर्ष पर आना चाहते हैं, तो हमें वेदों और उपनिषदों में सभी सूत्रों को सहसंबंधित करना होगा और हम चुनिंदा सूत्र नहीं चुन सकते हैं और अंतिम निष्कर्ष पर नहीं आ सकते हैं। मायावादी केवल गैर-अंतर के बारे में बात करने वाले सूत्र लेते हैं और कहते हैं कि अद्वैत अंतिम दर्शन है। लेकिन व्यक्तिगत आत्मा और सर्वोच्च आत्मा के बीच अंतर के बारे में बात करने वाले कई सूत्र हैं। कोई कैसे उन सूत्रों को त्याग सकता है और अंतिम निष्कर्ष निकालने का प्रयास कर सकता है। जब हम पुराणों के सहायक तथ्यों की सहायता से उपनिषदों में सूत्र का विश्लेषण करते हैं, तो हम समझ सकते हैं कि व्यक्तिगत आत्मा और सर्वोच्च आत्मा के बीच अंतर और गैर-अंतर दोनों की बात की जाती है।

त्रय की अवधारणा - जीव, जगत और ईश्वर अर्थात पशु, पाशम और पथी को उपनिषदों और पुराणों में विभिन्न स्थानों पर समझाया गया है।

ईश उपनिषद श्लोक 1:

ॐ ईशा वास्यमिदः सर्वं यत्किञ्च जगत्यां जगत् ।

इस बदलते ब्रह्मांड में जो कुछ भी मौजूद है वह चेतन या निर्जीव है, वह परम शिव के नियंत्रण में है।

श्वेताश्वतर उपनिषद अध्याय 1 श्लोक 12:

भोक्ता भोग्यं प्रेरितारं च मत्वा

भोक्ता (जीवात्मा →व्यक्तिगत आत्मा), भोग की वस्तु (जगत् →ब्रह्मांड) और शासक (ईश्वर →सर्वोच्च भगवान)।

अथर्वशीर उपनिषद्:

रुद्रो हि शाश्वतेन वै पुराणेनेषमूर्जेण तपसा नियन्ता अग्रिरिति भस्म वायुरिति भस्म जलमिति भस्म स्थलमिति भस्म व्योमेति भस्म
सर्वंह वा इदं भस्म मन एतानि चक्षूंषि यस्माद्व्रतमिदं पाशुपतं यद्भस्म नाङ्गानि संस्पृशेत्तस्माद्ब्रह्म
तदेतत्पाशुपतं पशुपाश विमोक्षणाय

तपस (ध्यान) द्वारा रुद्र तक पहुँचना चाहिए, जो शाश्वत, प्राचीन और शक्ति का दाता है। निम्नलिखित को पाशुपत व्रत कहा जाता है। "**अग्नि भस्म है, वायु भस्म है, जल भस्म है, पृथ्वी भस्म है, आकाश भस्म है। यह सब भस्म है। और मन और सभी इंद्रियां भस्म हैं।**" इस स्तुति के द्वारा भस्म को लेकर जल में मिलाकर चारों ओर अपने आप को मलना चाहिए। पशु (जीवात्मा (व्यक्तिगत आत्मा) के फंदे (पाश (बंधन)) से छुटकारा पाने के लिए पाशुपत नामक इस व्रत का पालन करना चाहिए।

भस्म जाबाल उपनिषद्:

ध्यात्वा साम्बं मामेव वृषभारूढं हिरण्यबाहुं हिरण्यवर्णं हिरण्यरूपं
पशुपाशविमोचकं पुरुषं कृष्णपिङ्गलमूर्ध्वरेतं विरूपाक्षं विश्वरूपं

भगवान शिव कहते हैं: जो उमा के साथ है, जो पवित्र बैल पर विराजमान है, जो सुनहरी भुजाओं वाले, सुनहरे रंग और सुनहरे रूप वाले हैं, **जो पशुओं (अज्ञानी जीवों) के फंदा को हटाने वाले हैं, उनका ध्यान करना चाहिए** । जो पुरुष है, काले और सुनहरे (उमा महेश्वर) के साथ, सबसे ऊंचा, असामान्य आंखें (तीन आंखों वाला) और जिसका रूप ब्रह्मांड है।

चिदंबर नटराज के साथ शिवकामसुंदरी

मैं ब्रह्मांड का स्वामी हूं, और मैं अमर हूं। मुझे इस प्रकार जानने से व्यक्ति भौतिक अस्तित्व के बंधन से मुक्त हो जाता है। इसलिए मैं वह हूं जो तुम्हें पशुओं (जीवात्माओं व जीवों) **की रस्सियों(बन्धन) से** मुक्त करता है । पशु, मनुष्य और मध्यवर्ती प्राणी, जो आत्म-नियंत्रित हैं, केवल मुझे प्राप्त करने का प्रयास करते हैं। वे मुझ तक पहुँचते हैं और फिर कभी नहीं लौटते।

विश्वेश्वरोऽहमजरोऽहम् । मामेवं विदित्वा संसृतिपाशात्प्रमुच्यते । तस्मादहं **पशुपाशविमोचकः** । पशवश्चामानवान्तं मध्यवर्तिनश्च युक्तात्मानो यतन्ते मामेव प्राप्तुम् । प्राप्यन्ते मां न पुनरावर्तन्ते ।

भगवान शिव कहते हैं: मैं हर चीज का स्वामी हूं और अमर हूं। इस प्रकार मुझे जानने वाला संसार के बंधन से मुक्त हो जाता है। **इसलिए मैं पशुओं के फंदे को हटाने वाला हूं** । पशु जो देवता हैं (ब्रह्मा, हरि, इंद्र आदि) और मनुष्य, एकाग्र मन से ही मुझ तक पहुँचने का प्रयास कर रहे हैं। जो मुझ तक पहुँचते हैं वे कभी वापस नहीं आते (सांसारिक जीवन में), कभी वापस नहीं आते।

उपनिषदों में उपरोक्त सूत्रों से, हम पुष्टि कर सकते हैं कि जीव, जगत और ईश्वर यानी पशु, पाशम और पथी सत्य (सत्यम) और शाश्वत (नित्यम) हैं। जगत मिथ्या (दुनिया एक भ्रम है) जो मायावादी द्वारा कहा गया है, उसपर ध्यान नहीं किया जाता है क्योंकि यह उपनिषदों के बयानों के विपरीत है। पशु व्यक्तिगत आत्माओं को यानी घास के तिनके से शुरू करके विष्णु तक संदर्भित करता है। पाशम दुनिया के साथ बंधन है जो जीवात्मा (जन्म और मृत्यु के चक्रों को दोहराता है) है। पथी भगवान हैं जिन्हें अन्यथा पशुपति कहा जाता है जो पाशम (ब्रह्मांड के साथ बंधन) को दूर करते हैं और पशु (जीवात्मा) को मुक्त करते हैं।

जब व्यक्तिगत आत्मा (जीवात्मा) इस दुनिया में सब कुछ सर्वोच्च वास्तविकता परम शिव से संबंधित के रूप में देखती है, जो सभी जीवों और देवताओं के दिल में भी मौजूद है और जो ब्रह्मांड से परे मौजूद है और जब जीवात्मा परम शिव की सेवा में सब कुछ का उपयोग शुरू कर देती है, जीवात्मा दुनिया के सभी बंधनों से मुक्त हो जाती है और वापस महा कैलाश (उच्चतम स्थान) में चली जाती है और वहां से वापस नहीं आती है।

श्वेताश्वतर उपनिषद में 6 बार आने वाले सूत्र द्वारा समर्थित है:

ज्ञात्वा देवं मुच्यते सर्वपाशैः (**श्वेताश्वतर उपनिषद 1.8, 1.11, 4.15, 4.16, 5.13, 6.13**)

जीवात्मा (व्यक्तिगत आत्मा) सर्वोच्च आत्मा को प्राप्त करने के बाद सभी बंधनों से मुक्त हो जाती है।

यहाँ पाश (बंधन) शब्द का प्रयोग श्वेताश्वतर उपनिषद में 6 बार किया गया है, जिसका उल्लेख अन्य उपनिषदों और पुराणों में भी किया गया है जो पशु, पथी और पाशम का उल्लेख करते हैं। जैसा कि पहले उल्लेख किया गया है, ऋषि श्वेताश्वर की पहचान पुराणों में शिव भक्त के रूप में की गई है, न कि ब्रह्मा या हरि के भक्त के रूप में।

जब जीवात्मा को पता चलता है कि इस दुनिया में जो कुछ भी पीछे चला जाता है जैसे नाम, प्रसिद्धि, धन, ज्ञान, सौंदर्य, शक्ति, आदि अस्थायी है और यह भी महसूस करता है कि घास के तिनके से लेकर विष्णु तक सब कुछ विनाश के लिए बाध्य है और केवल महादेव ही जन्म और मृत्यु के चक्रों से मुक्ति प्राप्त करने का सहारा हैं, तब महादेव स्वयं जो व्यक्तिगत आत्मा के हृदय में हैं, आत्मा को एक अधिकृत वैदिक (वेद को सर्वोच्च मानते हुए) शैव संप्रदाय से संबंधित एक उचित शैव गुरु के पास ले जाने के लिए निर्देशित करते हैं दीक्षा (आध्यात्मिक दीक्षा) लेने के लिए। बिना

गुरु की कृपा के मनुष्य कभी भी परम शिव को प्राप्त नहीं कर सकता, यहां तक कि करोड़ों जन्मों में भी नहीं। उपनिषदों में गुरु की महिमा बताई गई है:

श्वेताश्वतर उपनिषद 6.23:

यस्य देवे परा भक्तिः यथा देवे तथा गुरौ ।
तस्यैते कथिता ह्यर्थाः प्रकाशन्ते महात्मनः ॥

जब पढ़ाया जाता है तो ये सत्य केवल उसी उच्च आत्मा में चमकते हैं जो परम शिव के प्रति सर्वोच्च भक्ति रखते हैं और आध्यात्मिक गुरु के प्रति समान भक्ति रखते हैं। वे उसी उच्चात्मा में ही चमकते हैं।

कैवल्य उपनिषद 5:

अन्त्याश्रमस्थः सकलेन्द्रियाणि निरुध्य भक्त्या स्वगुरुं प्रणम्य ॥
उमासहायं परमेश्वरं प्रभुं त्रिलोचनं नीलकण्ठं प्रशान्तम्
ध्यात्वा मुनिर्गच्छति भूतयोनिं समस्तसाक्षिं तमसः परस्तात्

सभी इंद्रियों को नियंत्रण में रखते हुए, गुरु के प्रति समर्पण के साथ, अत्याश्रम के व्रत का पालन करते हुए, उमा के जीवनसाथी का ध्यान करना होता है, जो उमा, परा शक्ति, अंबिका (उमआसहयम) के साथ हमेशा मौजूद रहता है; सर्वोच्च भगवान (परमेश्वरम); जो पूरे ब्रह्मांड (प्रभुम) के भगवान हैं; तीन आंखों वाला (त्रिलोचनम); नीली गर्दन वाले भगवान (नीलकंठम); शांतिपूर्ण और परोपकारी (प्रशांतम), इस व्यक्तित्व का ध्यान करके एक ऋषि उनके पास पहुंचता है (उच्चतम विश्व महा कैलाश में जाता है और वहां से वापस नहीं आता) जो सभी प्राणियों का मूल है, सभी का साक्षी है और जो अंधकार से परे है।

यहाँ कैवल्य उपनिषद में अत्याश्रम व्रत का उल्लेख है, जिसका उल्लेख श्वेताश्वतर 6.21 (**अत्यश्रमभ्यः परमम् पवित्रम**) में भी मिलता है। हमने पहले श्लोक की भाष्य में यह भी देखा कि कैसे ऋषि श्वेताश्वतर को **पाशुपत व्रत (या) अत्याश्रम व्रत का अभ्यास करने के रूप में वर्णित किया गया है,** जिसका अर्थ एक ही है।

कूर्म पुराण 1.14.32-33 (सौर पुराण 27.23-24 में मामूली संशोधन के साथ यही कहा गया है):

अथास्मिन्नन्तरेऽपश्यत् तमायान्तं महामुनिम् ।
श्वेताश्वतरनामानं महापाशुपतोत्तमम् ।।

भस्मसंदिग्धसवाङ्गं कौपीनाच्छादनान्वितम् ।
तपसा कर्षितात्मानं शुक्लयज्ञोपवीतिनम् ।।

सुशील ने महान ऋषि श्वेताश्वर को पास आते देखा। ऋषि श्वेताश्वतर पशुपति के भक्तों में सबसे उत्कृष्ट थे। उन्होंने अपने पूरे शरीर पर भस्म (भस्म) लगाई थी। तपस्या के कारण उनका शरीर क्षीण हो गया था। उन्होंने सफेद रंग का पवित्र धागा पहना हुआ था।

कूर्म पुराण 1.14.37-39:

सोऽनुगृह्याथ राजानं सुशीलं शीलसंयुतम्
शिष्यत्वे परिजग्राह तपसा क्षीणकल्पषम्

ददौ तदैश्वरं ज्ञानं स्वशाखाविहितं व्रतम्
अशेषवेदसारं तत् पशुपाशविमोचनम्

अन्त्याश्रममिति ख्यातं ब्रह्मादिभिरनुष्ठितम्

ऋषि श्वेताश्वर ने राजा सुशील को बहुत अच्छे आचरण और सौम्य व्यवहार का आशीर्वाद दिया। उन्होंने उसे अपने शिष्य के रूप में स्वीकार किया, क्योंकि उसने अपने सभी पापों को मिटा दिया था। ऋषि श्वेताश्वतर ने सुशील को भगवान शिव के बारे में दिव्य ज्ञान दिया, जिसके लिए वेदों की शाखा में पवित्र संस्कार निर्धारित किए गए थे (पाशपता व्रत और अत्याश्रम स्वर का अर्थ एक और एक ही)। ऋषि श्वेताश्वतर ने उन्हें वेदों का संपूर्ण सार दिया, जो पशु (व्यक्तिगत आत्मा) को पाश (बंधन) से मुक्त करता है। यह **अत्याश्रम के नाम से प्रसिद्ध है** । यह ब्रह्मा, विष्णु और अन्य लोगों द्वारा किया गया है।

यहाँ हम देखते हैं कि राजा सुशील के पाप उनके गुरु ऋषि श्वेताश्वर की कृपा से पूरी तरह से दूर हो गए थे। भगवान शिव को पाने के लिए गुरु के सामने समर्पण करना बहुत जरूरी है।

मुंडक उपनिषद 1.2.12:

तद्विज्ञानार्थं स गुरुमेवाभिगच्छेत् समित्पाणिः श्रोत्रियं ब्रह्मनिष्ठम् ॥

उस शाश्वत को समझने के लिए, उसे, हाथ में ईंधन, एक ऐसे गुरु के पास जाने दें जो वेदों में पारंगत हो और हमेशा सगुण ब्रह्म (परम शिव) को समर्पित हो।

यहाँ एक शिष्य के मामले में "हाथ में ईंधन" वाक्यांश का उल्लेख किया गया है क्योंकि गुरु के पास शिष्य को शिव ज्ञानम (भगवान शिव के बारे में ज्ञान) देकर और उसे शिव दीक्षा देकर ईंधन को प्रज्वलित करने की आग है। महादेव को प्राप्त करने के लिए शिव दीक्षा बहुत महत्वपूर्ण है जिसके बिना करोड़ों जन्मों में भगवान शिव को कभी प्राप्त नहीं किया जा सकता है।

तो जब किसी को पता चलता है कि बाकी सब कुछ अस्थायी है और महादेव अंतिम लक्ष्य है, तो व्यक्ति को जल्दी से एक वैदिक शैव गुरु के पास जाना चाहिए जो पाशुपत (या) अत्याश्रम व्रत का अभ्यासी है और गुरु के तहत उचित आध्यात्मिक दीक्षा लेनी चाहिए और भगवान शिव की महिमा का प्रसार भी करना चाहिए। उपनिषदों कहते हैं **स्वाध्याय प्रवचने च** । भगवान शिव की महिमा के बारे में जानना चाहिए और भगवान शिव की महिमा का प्रसार करना चाहिए। वह सर्वोच्च सेवा है जो कोई गुरु और सर्वोच्च भगवान परम शिव की कर सकता है।

तो यहां इस श्लोक में जब ऋषि विश्वानर कहते हैं कि पूरी दुनिया गायब हो जाती है, तो हमें मायावादी की जगत मिथ्यात्व (दुनिया एक भ्रम है) की व्याख्या के साथ भ्रमित नहीं होना चाहिए। भौतिक जगत् अस्थायी है, मायावी नहीं। यह कहना कि सब कुछ भ्रामक है, मायावादी द्वारा अपने ढके हुए बौद्ध दर्शन को सही दर्शन के रूप में साबित करने के लिए दिया गया एक बहाना है। मायावादी के अनुसार, जीव, जगत, ईश्वर सहित सब कुछ मिथ्या (झूठा) है। वे यहां तक कहते हैं कि वेद वाक्याम (वेदों के सूत्र) भी झूठे हैं। महेश्वर को समझने के लिए परम ज्ञान वेद वाक्याम कैसे झूठे हो सकते हैं? तो यह सही व्याख्या नहीं है।

ऋषि विश्वानर का वास्तव में तात्पर्य है कि जब आत्मा को परम शिव का एहसास होता है, तो ब्रह्मांड के साथ व्यक्तिगत आत्मा का बंधन गायब हो जाता है और व्यक्तिगत आत्मा हमेशा के लिए महा कैलाश में वापस चली जाती है और परम शिव और परा शक्ति की शाश्वत सेवा में संलग्न हो जाती है और वहां से वापस नहीं आती है।

अध्याय 4
व्यक्तिगत आत्मा हमेशा भगवान शिव पर निर्भर है

छंद 4:

तोये शैत्यं दाहकत्वं च वह्नौ तापो भानौ शीतभानौ प्रसादः ।
पुष्पे गंधो दुग्धमध्येपि सर्पिर्यत्तच्छंभो त्वं ततस्त्वां प्रपद्ये ।

जल में शीतलता, अग्नि में उष्णता, सूर्य में प्रदीप्त प्रकृति और चन्द्रमा में मधुरता, पुष्प में सुगन्ध और दूध में घी। उस तरह, हे परम शिव, आप दुनिया में सार हैं। इसलिए मैं केवल आपका सहारा लेता हूं।

टिप्पणी:

इस श्लोक में ऋषि विश्वानर ने एक महत्वपूर्ण बात (जानकारी) पर प्रकाश डाला है। दो बातें वर्णित हैं: अग्नि और अग्नि से निकलने वाली गर्मी, सूर्य और सूर्य की चिलचिलाती किरणें। सूर्य की किरणों के माध्यम से हम सूर्य के प्रकाश का अनुभव करते हैं लेकिन वास्तविक सूर्य लाखों मील दूर है। एक तरह से हम कह सकते हैं कि सूर्य की किरणें सूर्य से अलग नहीं हैं लेकिन फिर भी सूर्य ही स्रोत है और सूर्य से निकलने वाली किरणों या चमक से अलग है। जीवात्मा सूर्य की किरणों के समान हैं और भगवान शिव सूर्य के समान हैं। जैसे सूर्य और सूर्य की किरणें अलग-अलग हैं, वैसे ही जीवात्मा (व्यक्तिगत आत्माएं) हमेशा परमात्मा (परम आत्मा →भगवान शिव) से भिन्न होती हैं। मुक्ति के समय भी, व्यक्तिगत आत्मा भगवान शिव से अलग है। यद्यपि भगवान शिव की करोड़ों मुक्त आत्माओं (मुक्त जीवों) द्वारा सेवा की जा रही है जो महा कैलाश में मौजूद हैं, फिर भी वे भौतिक ब्रह्मांड में मौजूद सभी जीवों की आंतरिक आत्मा के रूप में मौजूद हैं। वही परम साक्षी और सर्वज्ञ (सर्वज्ञ) है। यह सन्देश ऋषि विश्वानर ने बखूबी दिया है।

श्वेताश्वतर उपनिषद 1.10:

क्षरं प्रधानममृताक्षरं हरः क्षरात्मानावीशते देव एकः ।

प्रकृति नाशवान है। हरा(हर), सर्वोच्च भगवान शिव, अमर और अविनाशी हैं। सर्वोच्च भगवान शिव के समान कोई नहीं है और प्रकृति और व्यक्तिगत आत्माओं दोनों पर शासन करता है।

श्वेताश्वतर उपनिषद 4.6-7, मुंडक उपनिषद 3.1.1-2:

द्वा सुपर्णा सयुजा सखाया समानं वृक्षं परिषस्वजाते ।
तयोरन्यः पिप्पलं स्वाद्वत्त्यन- श्रन्नन्यो अभिचाकशीति ॥

दो पक्षी जो अविभाज्य मित्र हैं, एक ही वृक्ष पर निवास करते हैं। इनमें से एक पेड़ के फल खाकर उसका आनंद लेता है, जबकि दूसरा बिना खाए देखता रहता है।

समाने वृक्षे पुरुषो निमग्नोऽ- नीशया शोचति मुह्यमानः ।
जुष्टं यदा पश्यत्यन्यमीशमस्य महिमानमिति वीतशोकः ॥

एक ही वृक्ष पर बैठी आत्मा अपने वास्तविक स्वरूप को भूल जाने के कारण मोह में फंस जाती है और दुखी हो जाती है (**प्रत्येक आत्मा का स्वभाव यह है कि वह साम्ब शिव का शाश्वत सेवक है**)। जब व्यक्तिगत आत्मा सभी के सर्वोच्च भगवान को देखती है, जो सभी के द्वारा पूजे जाते हैं और यह महसूस करते हैं कि सारी महानता उन्हीं की है, तो व्यक्तिगत आत्मा सभी दुखों और बंधनों से मुक्त हो जाती है।

उपर्युक्त सूत्रों में, व्यक्तिगत आत्मा और सर्वोच्च भगवान को स्पष्ट रूप से अलग-अलग पहचाना गया है। **केवल जब व्यक्तिगत आत्मा सर्वोच्च भगवान को महसूस करती है, तब वह बार-बार जन्म और मृत्यु के बंधनों से मुक्त हो जाती है। मुक्ति जीव और जगत को मिथ्या (भ्रम) कहने के बारे में नहीं है। यह सर्वोच्च भगवान शिव के प्रति सच्चे समर्पण के बारे में है।** सर्वोच्च भगवान हमेशा स्वतंत्र होते हैं जबकि व्यक्तिगत आत्मा हमेशा सर्वोच्च भगवान पर निर्भर रहती है।

स्कंद पुराण अरुणाचल महात्म्य उत्तरार्द्ध अध्याय 21 श्लोक 15, 16:

पाथोधिपोऽहं वीचिस्त्वं प्रकृतिस्त्वं पुमानहम् ।।
विद्या त्वं वेदितव्योऽहं वाक्त्वमर्थोऽपि पार्वती ।।

भगवान शिव ने माता पार्वती से कहा: हे प्रिय, तुम लहर हो, मैं सागर हूं। तुम प्रकृति हो और मैं पुरुष। आप ज्ञान हैं और मैं ज्ञात हूँ। हे पार्वती, आप शब्द हैं और मैं अर्थ हूं।

लिंग पुराण सर्ग 2 अध्याय 11 श्लोक 4-5:

पुरुषं शंकरं प्राहुर्गौरीं च प्रकृतिं द्विजाः ।
अर्थः शंभुः शिवा वाणी दिवसोऽजः शिवा निशा ।।

सप्ततंतुर्महादेवो रुद्राणी दक्षिणा स्मृता ।
आकाशं शंकरो देवः पृथिवी शंकरप्रिया ।।

विद्वान पुरुष को भगवान शिव और प्रकृति को माता पार्वती कहते हैं। भगवान शिव अर्थ है और पार्वती अर्थ का बोध कराने वाला शब्द है। भगवान शिव दिन हैं और पार्वती रात हैं। भगवान शिव बलिदान के स्वामी हैं और उनकी पत्नी यज्ञ में चढ़ाए गए उपहार हैं। भगवान शिव आकाश हैं और उनकी प्यारी पृथ्वी है।

हम ऐसे ही पुराण संदर्भ देखते हैं जहां माता पार्वती को **भगवान शिव को जानने के ज्ञान के रूप में वर्णित किया गया है** और परम शिव को **ज्ञान की वस्तु के रूप में वर्णित किया गया है** जैसे हमने अग्नि से गर्मी और सूर्य से किरणों का उदाहरण देखा।

लेकिन यह समझना चाहिए कि माता पार्वती (या) अंबिका (या) उमा (या) परा शक्ति (या) ललिता त्रिपुरसुंदरी परम शिव की तरह शाश्वत हैं। वह शक्ति (शक्ति) है और महादेव शक्तीमान (शक्ति का व्यक्तिकरण) है। सब कुछ उनके नियंत्रण में है। घास के तिनके से शुरू होकर ब्रह्मा, विष्णु, लक्ष्मी तक जीवात्मा का योग परा शक्ति और परम शिव के नियंत्रण में है। उनकी कृपा से ही समस्त चल-अचल जगत का अस्तित्व है। परा शक्ति नित्य ईश्वरी (शाश्वत देवी) है, परम शिव नित्य ईश्वर (शाश्वत ईश्वर) है। उनकी कृपा से ही हमें परम शिव की प्राप्ति होती है। वह ज्ञान देती है जिससे हमें ज्ञान की वस्तु (परम शिव) का पता चलता है।

अथर्वशीर उपनिषद:

अपाम सोममंमृता अभूमागन्म

देवता कहते हैं: सोमा (शिव + उमा) को प्राप्त करने के बाद हम अमर हो गए हैं। हम चरम पर पहुंच गए हैं।

अथर्वशिख उपनिषद्:

यावसानेऽस्य चतुर्थ्यर्धमात्रा सा सोमलोक ओङ्कारः

चौथा अर्धमात्रा की ध्वनि है (जो ओम् का पाठ करने के बाद आती है) जो छिपी हुई है। यह ओंकारा का प्रतिनिधित्व करता है और यह सोमा की दुनिया है (शिव + उमा →सोमा, महा कैलाश को संदर्भित करता है, जहां परा शक्ति और परम शिव रहते हैं, जहां करोड़ों मुक्त जीव रहते हैं और जो उच्चतम दुनिया है जिसे कोई प्राप्त कर सकता है)।

कैवल्य उपनिषद्: उमासहायं परमेश्वरं प्रभुं

उमा के पति, वह जो उमा, परा शक्ति, अंबिका (उमआसहयम) के साथ सदा मौजूद है; सर्वोच्च भगवान (परमेश्वरम); जो पूरे ब्रह्मांड (प्रभुम) के भगवान हैं।

रुद्रं अनुवाक 8 (कृष्ण यजुर्वेद तैत्तिरीय संहिता 4th सर्ग 5th अध्याय), शुक्ल यजुर्वेद वाजसनेयी संहिता 16.39: नमः सोमाय च रुद्राय च

उन्हें नमस्कार है जो उमा की पति हैं और जो सभी दुखों को दूर करते हैं।

महानारायण उपनिषद्:

नमो हिरण्यबाहवे हिरण्यवर्णाय हिरण्यरूपाय हिरण्यपतये
अम्बिकापतय उमापतये पशुपतये नमोनमः

हिरण्यबाहु (जिसके हाथ सुनहरे हैं; जिसकी भुजाओं पर सोने के आभूषण हैं), हिरण्यवर्ण (जिसका रंग सुनहरा है), हिरण्यरूपा (जिसका रूप स्वर्णिम रूप में चमक रहा है), हिरण्यपति को बार-बार नमस्कार। धन और सभी प्रकार की समृद्धि, अंबिकापति (अम्बिका(पूरे ब्रह्मांड की माता) के पति,), उमापति (उमा के पति और स्वामी), पशुपति (सभी व्यक्तिगत आत्माओं के भगवान)।

पुराणों में स्पष्ट रूप से वर्णन किया गया है कि उमा नाम ओंकारम से ही आया है। माता उमा ओंकारेश्वरी (ओंकारम की देवी) हैं और भगवान शिव ओंकारेश्वर (ओंकारम के स्वामी) हैं।

पद्म पुराण स्वर्ग खंड अध्याय 34 श्लोक 9-11: ऋषि नारद युधिष्ठिर से कहते हैं:

ॐकारेश्वरमुत्तमम् कृत्तिवासेश्वरं लिंगं मध्यमेश्वरमुत्तमम्
विश्वेश्वरं तथोंकारंकंदर्पेश्वरमेव च

एतानि गुह्यलिंगानि वाराणस्यां युधिष्ठिर
न कश्चिदिह जानाति विना शंभोरनुग्रहात्

ओंकारेश्वर सबसे श्रेष्ठ है। कृत्तिवासेश्वर, उत्कृष्ट मध्यमेश्वर, विश्वेश्वर, ओंकारा और कंधरपेश्वर नामक लिंग हैं। हे युधिष्ठिर, ये काशी (वाराणसी) में गुप्त लिंग हैं। शंभू की कृपा से यहां किसी का विनाश नहीं होता।

केन उपनिषद 3.12: उमाँ हैमवतीं

वह हिमावन की पुत्री उमा थी

केन उपनिषद 4.1: ब्रह्मणो वा एतद्विजये महीयध्वमिति

उमा ने देवताओं से कहा: "केवल **ब्रह्म (भगवान शिव) की जीत के माध्यम से** आपने महिमा प्राप्त की है, अन्यथा नहीं।"

जब देवता यह सोचकर अहंकार से बंधे थे कि वे राक्षसों पर जीत का कारण हैं, तो परा शक्ति आती है और बताती है कि यह भगवान शिव हैं जो उनकी जीत का कारण हैं और कोई नहीं।

जैमिनी ऋषि के अनुरोध पर महादेव को तांडव (नृत्य) करते हुए देखकर ऋषि जैमिनी द्वारा गाया गया एक भजन है। जब ऋषि जैमिनी ने भगवान शिव को तांडव करते हुए देखा तो वे अपने परमानंद को नियंत्रित नहीं कर सके और उन्होंने श्लोक 29-141 से शुरू होकर सुंदर 113 श्लोक गाए जो नारद उत्तर भाग अध्याय 73 - **त्र्यंबकेश्वर की महानता में है** । उस स्तोत्र को **वेद पद कहा जाता है** ; अर्थ हर श्लोक में वेद उपनिषद मंत्रों से एक पद होता है। जैमिनी ऋषि द्वारा गाए गए 113 श्लोकों में से प्रत्येक में एक सुंदर वेदांतिक आयात है और यह बहुत खास है, इसलिए इसे वेद पद कहा जाता है।

नारद पुराण उत्तर भाग अध्याय 73 श्लोक 141: ऋषि जैमिनी ने वेद पद स्तोत्र को यह कहकर समाप्त किया:

शिवे कथं त्वत्समता क्व दीयते जगत्कृतिः केलिरयं शिवः पतिः ।
हरिस्तु दासोऽनुचरीन्दिरा शची सरस्वती वा सुभगा ददिर्वसु ।।

हे पराशक्ति और परम शिव, आपकी समानता कहां और कैसे बढ़ाई जा सकती है? पूरे ब्रह्मांड की रचना आपका खेल है। हरि(विष्णु) आपका सेवक है। लक्ष्मी आपकी दासी है तो सरस्वती और इंद्राणी (इंद्र की पत्नी) भी हैं। आप दोनों ही सभी को धन दाता सौभाग्यशाली हैं।

तो परम शिव सर्वोच्च भगवान हैं और परा शक्ति सर्वोच्च देवी हैं। उनके अलावा, ब्रह्मा, हरि, इंद्र, लक्ष्मी, सरस्वती और इंद्राणी सहित सभी जीव तत्व (व्यक्तिगत आत्मा) श्रेणी के हैं जो जन्म, बुढ़ापे, बीमारी, मृत्यु और परिवर्तन से बंधे हैं।

ऋषि विश्वानर ने यह कहकर समाप्त किया कि भगवान शिव संसार के सार हैं। वह अकेला ही सभी व्यक्तिगत आत्माओं और पूरे ब्रह्मांड का नियंत्रक है। उन्हें श्रुति (वेद और उपनिषद) और स्मृति (पुराण और इतिहास) के सार के रूप में वर्णित किया गया है।

ऋग्वेद शिव संकल्प सूक्तम 18:

परात् परतरो ब्रह्मा तत्परात् परतो हरिः
तत्परात् परतोऽधीशस्तन्मे मनः शिवसङ्कल्पमस्तु

सबसे बड़ा ब्रह्मा है, लेकिन उससे बड़ा हरि है, लेकिन ब्रह्मा और हरि से बड़े शिव, महादेव, शंभू ईशान, ईश्वर हैं। मेरा मन केवल शिव पर केंद्रित हो, किसी और पर नहीं।

कठ उपनिषद 2.1.13:

अङ्गुष्ठमात्रः पुरुषो ज्योतिरिवाधूमकः
ईशानो भूतभव्यस्य स एवाद्य स उ श्वः

एक अंगूठे के आकार का पुरुष, बिना धुएं की लौ के समान है और भूत और भविष्य का स्वामी है। वह आज और कल (अपरिवर्तनीय) के रूप में मौजूद है।

ईश उपनिषद श्लोक 1:

ॐ ईशा वास्यमिद॰ सर्वं यत्किञ्च जगत्यां जगत् ।

इस बदलते ब्रह्मांड में जो कुछ भी मौजूद है वह चेतन या निर्जीव है, वह परम शिव के नियंत्रण में है।

ऋग्वेद 10.90.2 और श्वेताश्वतर उपनिषद 3.15 कहता है: उतामृतत्वस्येशान

भगवान शिव अमरता के देवता(स्वामी) हैं

अकेले महादेव को व्यक्तिगत आत्माओं और ब्रह्मांड सहित हर चीज के भगवान के रूप में वर्णित किया गया है। प्रत्येक व्यक्ति की आत्मा का केवल भगवान शिव के साथ एक शाश्वत संबंध है। वे सभी जीवों के प्रिय मित्र हैं और सभी के लिए परम शरणस्थल भी हैं।

श्वेताश्वतर उपनिषद 3.17:

सर्वस्य प्रभुमीशानं **सर्वस्य शरणं सुहृत्** ॥

भगवान शिव सब कुछ के परम भगवान और सभी के सर्वोच्च शासक हैं। वे सभी जीवों के प्रिय मित्र हैं जो हृदय में निवास करते हैं और सभी के लिए परम शरणस्थल भी हैं ।

इसलिए ऋषि विश्वानर के अनुसार अकेले भगवान शिव को सब कुछ का सार और समर्पण की एकमात्र वस्तु के रूप में वर्णित किया गया है। भगवान शिव के अलावा व्यक्ति की आत्मा जो कुछ भी चाहती है, वह अस्थायी है और व्यक्तिगत आत्मा फिर से जन्म और मृत्यु के सागर में तैरने लगेगी।

श्वेताश्वतर उपनिषद 3.8, 6.15:

तमेव विदित्वातिमृत्युमेति नान्यः पन्था विद्यतेऽयनाय

केवल भगवान शिव को जानने से ही मृत्यु को पार किया जा सकता है। जन्म और मृत्यु के बार-बार के चक्र को पार करने का कोई दूसरा रास्ता नहीं है।

अध्याय 5
भगवान शिव दिव्य गुणों के साथ सर्वोच्च वास्तविकता

छंद 5:

शब्दं गृह्लास्यश्रवास्त्वं हि जिघ्रेरघ्राणस्त्वं व्यंघ्रिरायासि दूरात् ।
व्यक्षः पश्येस्त्वं रसज्ञोप्यजिह्वः कस्त्वां सम्यग्वेत्यतस्त्वां प्रपद्ये ।।

हे भगवान शिव आपको पूरी तरह से कौन समझ सकता है? आप बिना कानों के हैं फिर भी आप ध्वनि का अनुभव करते हैं; आप बिना नाक के हैं फिर भी आप सूंघते हैं; तुम बिना पाँव के हो, फिर भी दूर से आते हो; तुम आँखों के बिना हो फिर भी तुम सब कुछ देखते हो; आप जीभ के बिना हैं फिर भी आप स्वाद ले सकते हैं। इसलिए मैं केवल आपका सहारा लेता हूं।

टिप्पणी:

फिर से इस श्लोक को ठीक से समझ लेना चाहिए। सिर्फ इसलिए कि इस श्लोक में कहा गया है कि भगवान शिव बिना आंखों के देख सकते हैं और बिना कानों के सुन सकते हैं और बिना नाक के स्वाद ले सकते हैं, बिना पैर के चल सकते हैं, हम यह नहीं कह सकते कि वे निराकार हैं। जैसा कि मैंने पहले उल्लेख किया है, निराकार (**अनंतत्वम् या अनंतता**) गठित महेश्वर का एक पहलू है। यह उसकी विशेषताओं में से एक है। भगवान शिव की आंखें, नाक, हाथ या पैर किसी व्यक्ति की आत्मा के शरीर की तरह नहीं होते हैं। जीवात्मा का शरीर जन्म, बुढ़ापा, रोग, मृत्यु, बन्धे हुए सुख-दुःख, पुण्य-पाप आदि से बंधा रहता है, जबकि **परमात्मा का रूप दिव्य है, विनाश से बंधा नहीं, शाश्वत, अविनाशी, पापों से मुक्त है आदि।** उनकी विशेषताओं को वेदों और उपनिषदों में मुक्ति प्राप्त करने के लिए ध्यान, भक्ति और समर्पण की एकमात्र वस्तु के रूप में वर्णित किया गया है।

छांदोग्य 8.7.1:

य आत्मापहतपाप्मा विजरो विमृत्युर्विशोको विजिघत्सोऽपिपासः सत्यकामः सत्यसंकल्पः सोऽन्वेष्टव्यः

परमात्मा पाप, बुढ़ापा, मृत्यु, दुःख से रहित है, बिना भूख-प्यास के, सच्ची कामनाओं के साथ मुक्ति पाने के लिए उसकी खोज करनी चाहिए।

उपनिषदों और पुराणों में विभिन्न स्थानों पर भगवान शिव की अनंतता का वर्णन किया गया है। लेकिन जब भी भगवान शिव को बिना हाथों और पैरों के, अव्यक्तम, विभूम, अरुपम के रूप में वर्णित किया जाता है, तो यह उनकी सर्वव्यापीता के बारे में बात करता है। इसका मतलब यह नहीं है कि उसके पास कोई रूप नहीं है। कुछ लोग उस गलत निष्कर्ष पर पहुंच जाते हैं, लेकिन भगवान शिव के दिव्य गुणों और विशेषताओं का वेदों, उपनिषदों, पुराणों और इतिहास में खूबसूरती से वर्णन किया **गया है काला और पिंगल समान (अर्धनारीश्वर) , पांच-मुखी, दस-हाथ वाले, सिर पर अर्धचंद्राकार, नरसिंह (पुरुष-शेर) की त्वचा और उनके कपड़ों के लिए बाघ, स्फटिक के रूप में शुद्ध, जिसके बिना कोई दूसरा नहीं है, पशुपति - सभी व्यक्तिगत आत्माओं के भगवान, पांच गतिविधियों के भगवान, सभी के सर्वोच्च कारण, जिनके ऊपर शासन करने के लिए कोई नहीं है क्योंकि वह स्वयं ही सर्वोच्च शासक हैं, आदि ।** भगवान शिव को सभी भौतिक रूपों से परे वर्णित किया गया है।

हमने वह कहानी भी देखी जहां अनंत ज्योति के भीतर भगवान शिव के दिव्य आध्यात्मिक रूप का ध्यान करने के बाद विष्णु ने पूर्ण ज्ञान प्राप्त किया ।

आइए शास्त्रों के कुछ संदर्भों पर एक नज़र डालें जहां भगवान शिव की सर्वव्यापकता की व्याख्या की गई है।

श्वेताश्वतर उपनिषद 3.3 (महानारायण उपनिषद में भी यही श्लोक मौजूद है):

विश्वतश्चक्षुरुत विश्वतोमुखो विश्वतोबाहुरुत विश्वतस्पात् ।
सं बाहुभ्यां धमति सम्पतत्रैर्द्यावाभूमी जनयन् देव एकः ॥

भगवान शिव के नेत्र सर्वत्र हैं, मुख सर्वत्र, भुजाएँ सर्वत्र, सर्वत्र उनके चरण हैं। वह सभी प्राणियों को अपने हाथों से एक साथ लाता है, उन्हें अपने पैरों से घेर लेता है, स्वर्ग और पृथ्वी का निर्माण करके, वह अभी भी एकमात्र परम भगवान शिव किसी दूसरे के बिना एक (ही) रूप में रहता है।

श्वेताश्वतारा 3.19 (कैवल्य उपनिषद 21, मुंडक उपनिषद 1.1.6 और सूत संहिता यज्ञ वैभव खंड ब्रह्म गीता अध्याय 7 श्लोक 6, ब्रह्म गीता अध्याय 8 श्लोक 49 में मामूली संशोधनों के साथ मौजूद है):

अपाणिपादोजवनोग्रहीता पश्यत्यचक्षुः स श्रृणोत्यकर्णः ।
स वेत्ति वेद्यं न च तस्यास्ति वेत्ता तमाहुरग्र्यं पुरुषं महान्तम् ॥

भगवान शिव बिना हाथों के सब कुछ समझ(व ग्रहण कर) सकते हैं, बिना पैरों के जल्दबाजी कर सकते हैं, बिना आंखों के देख सकते हैं, बिना कानों के सुन सकते हैं। वह सर्वज्ञ है (अतीत, वर्तमान और भविष्य का ज्ञाता) लेकिन उसे कोई नहीं जानता। भगवान शिव सबसे पहले और सबसे अच्छे हैं, महानतम और परम वास्तविकता से बड़े हैं और प्रकृति(स्वभाव व स्वरूप) में पूर्ण हैं।

रुद्रं अनुवाक 5 (कृष्ण यजुर्वेद तैत्तिरीय संहिता 4th सर्ग 5th अध्याय), शुक्ल यजुर्वेद वाजसनेयी संहिता 16.30: भगवान शिव की महिमा इस प्रकार करती है:

नमो अग्रियाय च प्रथमाय च

भगवान शिव को नमस्कार जो सृष्टि से पहले अस्तित्व में थे और जो भगवानों(व देवताओं) में प्रथम हैं।

श्वेताश्वतर उपनिषद 3.10:

ततोयदुत्तरततं तदरूपमनामयम् ।
य एतद्विदुरमृतास्तेभवन्ति अथेतरेदुःखमेवापियन्ति ॥

भगवान शिव इस दुनिया से बहुत परे हैं, (**अरुपम →सभी भौतिक रूपों से परे**) और कष्टों से मुक्त हैं। उसे जानने वाले अमर हो जाते हैं। बाकी सभी को वास्तव में अकेले दर्द होता है।

श्वेताश्वतर उपनिषद 3.11:

सर्वानन शिरोग्रीवः सर्वभूतगुहाशयः ।
सर्वव्यापी स भगवांस्तस्मात् सर्वगतः शिवः ॥

हर जगह उसके चेहरे, सिर, हाथ, गर्दन हैं। भगवान शिव सभी प्राणियों के हृदय में निवास करते हैं। भगवान शिव सर्वव्यापी भगवान हैं। वह सर्वव्यापी और परोपकारी भगवान हैं।

कूर्म पुराण सर्ग 2 (ईश्वर गीता) अध्याय 2 श्लोक 46-49:

एष आत्माऽहमव्यक्तो मायावी परमेश्वरः ।

कीर्तितः सर्ववेदेषु सर्वात्मा सर्वतोमुखः ॥

सर्वकामः सर्वरसः सर्वगन्धोऽजरोऽमरः ।
सर्वतः पाणिपादोऽहमन्तर्यामी सनातनः ॥

अपाणिपादो जवनो ग्रहीता हृदि संस्थितः ।
अचक्षुरपि पश्यामि तथाऽकर्णः शृणोम्यहम् ॥

वेदाहं सर्वमेवेदं न मां जानाति कश्चन ।
प्राहुर्महान्तं पुरुषं मामेकं तत्त्वदर्शिनः ॥

भगवान शिव कहते हैं: मैं सर्वोच्च आत्मा(परम भगवान), माया का स्वामी, महान भगवान हूं। वेदों में मेरी महिमा सबकी अन्तरात्मा और सभी दिशाओं में मुख होने के कारण हुई है। मेरे भीतर सभी रूप, स्वाद और सुगंध हैं। मैं वृद्धावस्था और मृत्यु से मुक्त हूं। मेरे चारों तरफ हाथ-पैर हैं। मैं शाश्वत अविनाशी आत्मा हूँ। बिना हाथ और पैर विहीन होते हुए भी मैं सब कुछ समझ(व ग्रहण कर) सकता हूँ और सबके हृदय में स्थित हूँ। हालाँकि मैं आँखों के बिना सब कुछ देखता हूँ और कानों के बिना मैं सुन सकता हूँ। मुझे ये सब पता है। मुझे कोई नहीं जानता। सच्ची दृष्टि वाले लोग मुझे एकमात्र महान(वेदों में वर्णित परम पुरुष) पुरुष (सर्वोच्च वास्तविकता व सर्वोच्च होने) के रूप में कहते हैं।

मुंडक उपनिषद 1.1.6 ऋषि अंगिरस कहते हैं, सूत संहिता ब्रह्म गीता 7.7 ऋषि सूत कहते हैं:

नित्यं विभुं सर्वगतं सुसूक्ष्मं
तदव्ययं यद्भूतयोनिं परिपश्यन्ति धीराः

ज्ञानी भगवान शिव को शाश्वत, सर्वव्यापी(हर जगह मौजूद), सर्वव्यापी और अत्यंत सूक्ष्म रूप में जानते हैं जो अविनाशी और सभी जीवों का स्रोत हैं।

कैवल्य उपनिषद (यही श्लोक सूत संहिता ब्रह्म गीता 8.10-11 में थोड़े संशोधन के साथ मौजूद है):

तमादिमध्यान्तविहीनमेकं विभुं चिदानन्दमरूपमद्भुतम्

भगवान शिव का न आदि है, न मध्य और न अंत; जो एक और सर्वव्यापी है; जो चेतना साकार और आनंद से भरा है; जो सभी भौतिक रूपों से परे है और जिसका दिव्य रूप अद्भुत है।

श्रुति (वेद) हमेशा दैवीय गुणों के साथ भगवान शिव के आध्यात्मिक रूप के बारे में बात करती है और साथ ही यह उनकी सर्वव्यापकता (या) अनंत होने का वर्णन करती है। ब्रह्मा, हरि, लक्ष्मी और इंद्र जैसे देवताओं सहित व्यक्तिगत आत्माओं (जीवात्मा) द्वारा सर्वव्यापीता का दावा नहीं किया जा सकता है। इस तथ्य का समर्थन करते हुए शिव महापुराण में एक सुन्दर श्लोक है।

शिव महापुराण विद्येश्वर संहिता अध्याय 5 श्लोक 10-13, 15:

शिवैको ब्रह्मरूपत्वात्रिष्कलः परिकीर्तितः
रूपित्वात्सकलस्तद्वत्तस्मात्सकलनिष्कलः

निष्कलत्वान्निराकारं लिंगं तस्य समागतम्
सकलत्वात्तथा बेरं साकारं तस्य संगतम्

सकलाकलरूपत्वाद्ब्रह्मशब्दाभिधः परः
अपि लिंगे च बेरे च नित्यमभ्यर्च्यते जनैः

अब्रह्मत्वात्तदन्येषां निष्कलत्वं न हि क्वचित्
जीवत्वं शंकरान्येषां ब्रह्मत्वं शंकरस्य च

ऋषि सूत ने ऋषियों से कहा: केवल भगवान शिव को निष्कल (सर्वव्यापी) के रूप में महिमामंडित किया जाता है। वह सकल भी हैं क्योंकि उनके पास एक दिव्य आध्यात्मिक रूप है। वह सकल और निष्कला दोनों हैं। यह उनके निष्कल (सर्वव्यापी) पहलू में है कि लिंग उपयुक्त है।

सकल (दिव्य आध्यात्मिक रूप) पहलू में, उनके मूर्त रूप की पूजा उचित है। चूँकि उनके पास सकल और निष्कल पहलू हैं, इसलिए उन्हें लोगों द्वारा लिंग और दिव्य आध्यात्मिक रूप दोनों में पूजा जाता है और उन्हें सर्वोच्च ब्रह्म कहा जाता है। अन्य देवताओं के पास निष्कल पहलू नहीं है, इसलिए वे सर्वोच्च वास्तविकता नहीं हो सकते। शंकर ही एकमात्र व्यक्तित्व हैं जिन्हें सर्वोच्च आत्मा (ब्रह्मत्व) माना जा सकता है और अन्य सभी व्यक्तिगत आत्माएं (जीवत्व) हैं।

जैसा कि यहां बताया गया है कि सर्वशक्तिमान, सर्वव्यापकता आदि का दावा केवल भगवान शिव कर सकते हैं, ब्रह्मा, हरि और इंद्र जैसे देवता नहीं। उनके पास अकेले ही निष्कल (सर्वव्यापकता) पहलू है जिसे हर कोई लिंग के रूप में पूजता है। क्योंकि लिंग उनकी अनंतता का प्रतिनिधित्व करता है।

श्वेताश्वतर उपनिषद 6.19:

निष्कलं निष्क्रियं शान्तं निरवद्यं निरञ्जनम्

सर्वोच्च भगवान परम शिव निष्कल (सर्वव्यापी) हैं, भौतिक कार्यों से मुक्त, शांत, दोषरहित और बेदाग हैं।

ब्रह्मा और हरि अहंकार में लड़ रहे थे और महादेव उनकी अज्ञानता को नष्ट करने और उन्हें ज्ञान प्रदान करने के लिए व सच्चा ज्ञान देने के लिए आग के एक अनंत स्तंभ के रूप में प्रकट हुए, जिसका कोई आदि और अंत नहीं था। वह लिंग है जो उसकी अनंतता का प्रतिनिधित्व करता है।

लेकिन कोई व्यक्ति वेदों, उपनिषदों और पुराणों में वर्णित दिव्य गुणों और विशेषताओं के साथ लिंग में परम शिव के रूप का ध्यान करके पूर्ण ज्ञान (पूर्ण ज्ञान) प्राप्त करेगा।

राम ने समुद्र पार करने और लंका पहुंचने के लिए भगवान शिव की पूजा की। वह सुंदर छंदों के साथ भगवान शिव की महिमा करते हैं और उनकी पूजा करने के बाद उन्हें परा शक्ति और परम शिव की दिव्य दृष्टि प्राप्त होती है।

पद्म पुराण पाताल खंड अध्याय 116 श्लोक 222-225:

एवं स्तुवतो रामस्य पुरतो लिंगमध्यकोपेतस्तेजोमयमूर्तिराविर्बभूव अभयवानाथ पुनः

पद्मासनासीनमुमाधिष्ठितांकमीशमामुक्तसर्वभरणं सुकांतिकिरीटिनं हैमवतीकटिस्पर्श

करद्वयेनाभययवरप्रदं तरंगितानेकदिशाभिः पूर्णतेजस्विनं हासमुखं प्रसन्नवदनं ददर्श

रामः परमेशितारं ननाम बद्धांजलिपुनश्च दंडवत्पपात अथ रामं परमेश्वरोऽपि

वरं वृणु त्वं वरदोऽहमित्युक्तवान्

राम के सामने, जो भगवान शिव की स्तुति कर रहे थे, लिंग के बीच में चमक से भरी एक छवि दिखाई दी। वह राम को निर्भयता प्रदान कर रहा था। राम ने परम भगवान को देखा, जिनकी गोद में पार्वती थी, जिनके शरीर पर सभी आभूषण थे, जिनका मुकुट बहुत चमकीला था, जो पहाड़ों की बेटी की कमर को छूते हुए, निर्भयता का वरदान दे रहे थे, जिनकी चमक सभी में फैली हुई थी हर दिशा में, जिनके चेहरे पर मुस्कान थी। राम ने अपनी हथेलियों के साथ सर्वोच्च भगवान शिव को प्रणाम किया और एक दास व सेवक(कर्मचारी) की तरह उनके सामने गिर गए। तब सर्वोच्च भगवान शिव राम से वरदान मांगने का अनुरोध करते हैं।

यहाँ ध्यान देने योग्य बात है परा शक्ति और परम शिव का दिव्य रूप लिंग के बीच में प्रकट हुआ।

इस प्रकार वेद, उपनिषद, पुराण आदि सांबा शिव की अनंतता और सर्वव्यापीता का वर्णन करते हैं और फिर उनके दिव्य आध्यात्मिक रूप का वर्णन करते हैं और जन्म और मृत्यु के बार-बार चक्र से छुटकारा पाने के लिए उनका ध्यान करते हैं।

मायावादी कहते हैं कि सर्वोच्च वास्तविकता निराकार है - निराकार, गुणों के बिना - निर्गुण। लेकिन निर्गुण का अर्थ है जो भौतिक प्रकृति के 3 गुणों (सत्व, रजस, तमस) से परे है। निराकार को सर्वोच्च वास्तविकता भगवान शिव की विशेषता के रूप में भी वर्णित किया गया है जैसा कि हमने पहले देखा था। वेदों, उपनिषदों और पुराणों के अनुसार महादेव सगुण ब्रह्म (दिव्य गुणों वाले सर्वोच्च भगवान) हैं। किसी को सभी वेद वाक्यामों को सहसंबंधित करना होगा और फिर एक निष्कर्ष पर आना होगा और शास्त्रों को टुकड़ों में नहीं देखना होगा। भगवान शिव के भक्त जो शिव भक्ति के लिए इच्छुक हैं और जो केवल शिव को सर्वोच्च वास्तविकता मानते हैं, उन्हें निश्चित रूप से मायावादी द्वारा की गई इस प्रकार की व्याख्याओं से दूर रहना चाहिए।

ईश उपनिषद में ऋषि विश्वानर द्वारा बताए गए एक समान श्लोक का उल्लेख किया गया है:

ईश उपनिषद 5:

तदेजति तन्नैजति तद्दूरे तद्वन्तिके ।
तदन्तरस्य सर्वस्य तदु सर्वस्यास्य बाह्यतः ॥

भगवान शिव (परम नियंत्रक) हिलते व चलते हैं और हिलते नहीं हैं। वह बहुत दूर है लेकिन साथ ही वह बहुत करीब है। वह हर चीज के भीतर है और वह हर चीज के बाहर भी है।

बाहरी रूप से देखने पर यह श्लोक यह संदेश प्रदर्शित करता प्रतीत होता है कि सर्वोच्च वास्तविकता निराकार है। बहुत सारे लोग उस गलत निष्कर्ष पर पहुंचते हैं, खासकर मायावादी। लेकिन वही उपनिषद भगवान शिव के दिव्य रूप की महिमा करता है और कहता है कि व्यक्तिगत आत्मा (जीवात्मा) को भगवान शिव के रूप के दर्शन के लिए तरसना चाहिए जो मुक्ति का एकमात्र मार्ग है।

ईश उपनिषद 15-16, बृहदारण्यक उपनिषद 5.15.1:

हिरण्मयेन पात्रेण सत्यस्यापिहितं मुखम् ।
तत्त्वं पूषन्नपावृणु सत्यधर्माय दृष्ट्ये ॥

हे परम सर्वोच्च वास्तविकता (या) परम सर्वोच्च व्यक्तित्व सांब शिव आपका चेहरा आपके सुनहरे वैभव से ढका हुआ है। हे परम रक्षक, उसे हटा दो और अपना दिव्य आध्यात्मिक रूप मुझे दिखाओ।

पूषन्नेकर्षे यम सूर्य प्राजापत्य व्यूह रश्मीन् समूह तेजः ।
यत्ते रूपं कल्याणतमं तत्ते पश्यामि योऽसावसौ पुरुषः सोऽहमस्मि ॥

हे सांब शिव, आप पूरे ब्रह्मांड के एकमात्र नियंत्रक हैं। कृपया अपना स्वर्णिम वैभव (तेज) हटा दें। आपकी कृपा से, मैं आपके उस दिव्य आध्यात्मिक रूप को देखना चाहता हूं जिसमें दिव्य गुण और गुण हों। मैं उस परम पुरुष भगवान शिव का शाश्वत सेवक हूं।

जैसा कि हमने इन 2 श्लोकों को पहले देखा है, भगवान शिव के दिव्य रूप का ध्यान लिंग के भीतर किया जाना चाहिए जो महादेव की सर्वव्यापकता का प्रतिनिधित्व करता है। सभी उपनिषद भगवान शिव की सर्वव्यापकता और उनके दिव्य गुणों की बात करते हैं जिन पर ध्यान दिया जाना चाहिए।

तैत्तिरीय उपनिषद:

स य एषोऽन्तहृदय आकाशः । तस्मिन्नयं पुरुषो मनोमयः । अमृतो हिरण्मयः ।

हृदय में जो स्थान विद्यमान है, वही पर परम पुरुष परम शिव हैं जो ज्ञान से साकार हैं और जो अमर और स्वर्ण (स्वर्ण समान रुप में) हैं।

महानारायण उपनिषद:

य एषोऽन्तरादित्ये हिरण्मयः पुरुषः

वह जो सूर्य के भीतर है वह स्वर्णिम व्यक्ति है

रुद्रं अनुवाक 1 (कृष्ण यजुर्वेद तैत्तिरीय संहिता 4th सर्ग 5th अध्याय), शुक्ल यजुर्वेद वाजसनेयी संहिता 16.6:

असौ यस्ताम्रो अरुण उत बभ्रुः सुमंगलः

ताम्र-लाल सूर्य के मध्य में स्वर्ण व्यक्तित्व भगवान शिव विराजमान हैं जो सर्व शुभ हैं।

रुद्रं अनुवाक 1 (कृष्ण यजुर्वेद तैत्तिरीय संहिता 4th सर्ग 5th अध्याय), शुक्ल यजुर्वेद वाजसनेयी संहिता 16.7:

असौ योऽवसर्पति नीलग्रीवो विलोहितः

नीली गर्दन वाले भगवान शिव तांबे-लाल रंग के सूर्य में उगते हैं।

पराशर उप पुराण अध्याय 1 श्लोक 1:

सौरमण्डलमध्यस्थं साम्बं संसारभेषजम् ।
नीलग्रीवं विरूपाक्षं नमामि शिवमव्ययम् ।। १ ।।

मैं परम भगवान परम शिव को अपनी विनम्र साष्टांग प्रणाम करता हूं, जो माता परा शक्ति के साथ सूर्य के बीच में निवास करते हैं। वह परम भगवान है जो नीली गर्दन, विषम आंखों (तीन आंखों वाला), सर्वत्र शुभ, अविनाशी है और व्यक्तिगत आत्माओं को जन्म और मृत्यु के बार-बार चक्र से मुक्त करता है।

कूर्म पुराण सर्ग 1 अध्याय 15 श्लोक 15: ऋषि दधीचि दक्ष से कहते हैं:

एष रुद्रो महादेवः कपर्दो च घृणी हरः ।
आदित्यो भगवान् सूर्यो नीलग्रीवो विलोहितः ।।

वह रुद्र है, सर्वोच्च भगवान महादेव, दयालु और महान वैभव के साथ चमकते हुए, हरा, वह व्यक्तित्व जो सूर्य की आंतरिक आत्मा, नीली गर्दन और सुर्ख(लाल) के रूप में मौजूद है।

सूर्य से संबंधित सभी शास्त्र जैसे स्कंद पुराण की सौर संहिता, आदित्य उप पुराण और सौर उप पुराण में केवल महादेव की महिमा है और हमेशा सूर्य के बीच में अम्बा के साथ भगवान शिव का ध्यान करने की बात करते हैं।

वेदों, उपनिषदों, पुराणों आदि के अनुसार उनका दिव्य रूप ही शुद्ध सत्त्व है और केवल उनका रूप ही ध्यान का विषय(व उद्देश्य) है, पूजा का विषय(व उद्देश्य) है और समर्पण का विषय(व उद्देश्य) है। वह(परम भगवान शिव) ही अकेले ब्रह्मा, नारायण, काल रुद्र और इंद्र के रचयिता व जन्म देने वाले के रूप में वर्णित हैं।

तो इस श्लोक में, ऋषि विश्वानर ने भगवान शिव की सर्वव्यापी प्रकृति(व स्वरूप) का वर्णन किया है, जिन्हें एक दिव्य रूप के रूप में वर्णित किया गया है जो अविनाशी है और सच्चे गवाह के रूप में मौजूद सभी जीवों के हृदय में निवास करते हैं। केवल उस परम भगवान शिव की अटूट श्रद्धा, भक्ति प्राप्त करके, हृदय में उनके दिव्य रूप का ध्यान करके, उनकी स्तुति और महिमा गाते हुए और उन्हें आत्मसमर्पण करने से ही सर्वोच्च शांति (परम शांति) प्राप्त हो सकती है।

अध्याय 6

केवल एक सच्चा भक्त ही भगवान शिव को समझ सकता है

छंद 6:

नो वेदस्त्वामीश साक्षाद्द्विवेद नो वा विष्णुर्नो विधाताऽखिलस्य ।
नो योगींद्रा नेंद्रमुख्याश्च देवा भक्तो वेद त्वामतस्त्वां प्रपद्ये ।।

वेद आपको सरलता से (सीधे) नहीं समझ सकते, हे भगवान शिव, न विष्णु, न ब्रह्मा, न प्रमुख योगी,
न ही इंद्र सहित देवता आपको समझ सकते हैं। एक सच्चा भक्त ही आपको समझ सकता है।
इसलिए मैं आपको अकेला समर्पित करता हूं व आपकी ही शरण लेता हूं।

टिप्पणी:

ऋषि विश्वानर का यह कहना सही है कि वेद, ब्रह्मा, विष्णु, इंद्र और योगी भगवान शिव को नहीं
समझ सकते। हम हरि, ब्रह्मा, व्यास, आदि द्वारा बताए गए शास्त्रों के विभिन्न स्थानों में इस कथन
के कुछ संदर्भ देख सकते हैं।

**नारद पुराण पूर्व भाग अध्याय 79 श्लोक 137-139 (वही पद्म पुराण पाताल खंड अध्याय
114 श्लोक 185-190 में मौजूद है):**

श्रुतिदेवाद्यगम्यं हि पदं तव कपिस्थितम् ।
सर्वोपनिषदव्यक्तं त्वत्पदं कपिसर्वयुक् ।।

यमादिसाधनैर्योगैर्न क्षणं ते पदं स्थिरम् ।
महायोगिहृदंभोजे परं स्वस्थं हनूमति ।।

वर्षकोटिसहस्रं तु सहस्राब्दैरथान्वहम् ।
भक्त्या संपूजितोऽपीश पादो नो दर्शितस्त्वया ।।

हरि भगवान शिव से कहते हैं: वेद अभी भी आपके चरणों की खोज कर रहे हैं। आपके चरण जो
वानर (हनुमान) ने प्राप्त किए हैं, वे अभी भी सभी उपनिषदों द्वारा खोजे जा रहे हैं। इन्द्रियों को वश
में करने और गहन ध्यान करने से तुम्हारे चरण प्राप्त नहीं होते हैं और करोड़ों वर्षों से आपके

चरणों में तपस्या करने वाले ऋषियों के हृदय कमल में यह प्रकट नहीं हुआ है; लेकिन कितने भाग्यशाली हनुमान हैं, जो आपके पैर पकड़ रहे हैं। करोड़ों वर्षों तक, मैंने भक्तिपूर्वक आपकी पूजा की और आपके चरणों की खोज की, हे भगवान, लेकिन आपने इसे मुझे अपने चरणों(के दर्शन) को प्रकट नहीं किया।

टिप्पणी (ध्यान रखने वाली बात): यहाँ हरि कहते हैं कि वेद, उपनिषद, स्वयं सहित दैवीय ऋषि भी उनके चरणों की पूजा और खोज करने की कोशिश कर रहे हैं, लेकिन उन्होंने उन्हें करोड़ों वर्षों तक ध्यान करने के बाद भी नहीं देखा है। लेकिन हनुमान को भगवान शिव के पैर पकड़ने का वह मौका मिल गया है। हनुमान को भगवान शिव के एक महान भक्त के रूप में वर्णित किया गया है। हम उस प्रसिद्ध कहानी के बारे में भी जानते हैं जहाँ ब्रह्मा भगवान शिव के सिर की खोज कर रहे थे और विष्णु भगवान शिव के चरणों की खोज कर रहे थे और वे अपनी खोज में सफलता प्राप्त करने में विफल रहे। अंत में, भगवान शिव स्वयं उनके सामने प्रकट होते हैं और उन्हें आशीर्वाद देते हैं। यहाँ विष्णु (या) हरि यह कहकर उस सत्य को स्वीकार करते हैं कि वह अभी भी भगवान शिव के चरणों की खोज कर रहे हैं और उन्हें खोजने में असमर्थ हैं।

भगवान शिव के पैर; विष्णु पार्वती और भगवान शिव की पूजा करते हैं

पद्म पुराण पाताल खंड अध्याय 105 श्लोक 234, बृहत जाबाल 6th ब्राह्मण 10th श्लोक:

न शक्तिं भस्मनो जाने प्रभावं वा कुतस्तव
नमस्तेऽस्तु नमस्तेऽस्तु त्वामेव शरणं गतः

हरि भगवान शिव से कहते हैं: मैं भस्म की शक्ति को नहीं समझ सकता, मैं आपकी महिमा कब समझ सकता हूं हे महादेव? आपको प्रणाम, प्रणाम। मैं अकेले तुम्हारी शरण चाहता हूँ।

महाभारत द्रोण पर्व अध्याय 202 श्लोक 109-111: ऋषि व्यास अर्जुन से कहते हैं:

वेदाः साङ्गोपनिषदः पुराणाध्यात्मनिश्चयाः ।
यदत्र परमं गुह्यं स वै देवो महेश्वरः ।।

ईदृशश्च महादेवो भूयांश्च भगवानजः ।
न हि सर्वे मया शक्या वक्तुं भगवतो गुणाः ।।

अपि वर्षसहस्रेण सततं पाण्डुनन्दन ।

वेदों, उपनिषदों, पुराणों की कई शाखाओं में और उन विज्ञानों में जो कुछ भी सर्वोच्च आत्मा के बारे में बात करने से संबंधित है, वह सर्वोच्च भगवान महेश्वर को संबोधित किया गया है। केवल महादेव जो बिना जन्म के भगवान हैं। उस परम भगवान शिव के सभी गुणों का उल्लेख व वर्णन मेरे द्वारा नहीं किया जा सकता है, भले ही मैं उन्हें एक हजार वर्षों तक लगातार पढ़ूं, हे पांडु के पुत्र।

स्कंद महा पुराण काशी खंड उत्तरार्द्ध अध्याय 95 श्लोक 60:

यं वै वेदो वेद नो नैव विष्णुर्नोवा वेधा नो मनो नैव वाणी ।
तं देवेशं मादृशः कोल्पमेधा याथात्म्याद्वै वेत्त्यहो विश्वनाथम् ।।

ऋषि व्यास भगवान शिव से कहते हैं: मेरे जैसा अल्प बुद्धि वाला व्यक्ति आपको कैसे समझ सकता है, हे विश्वनाथ। यहां तक कि वेद, ब्रह्मा, हरि, मन या वाणी भी आपको नहीं समझ सकते कि ब्रह्मांड का स्वामी और देवों का स्वामी कौन है।

स्कंद पुराण अरुणाचल महात्म्य उत्तरार्द्ध अध्याय 16 श्लोक 1-5:

ब्रह्मोवाच
देवदेव तवैश्वर्यं केन शक्येत वेदितुम् ।
विना भायैक्यसुलभं भवदीयमनुग्रहम् ।।

अकर्तृकाणि वाक्यानि ऐश्वर्यं ते निरत्ययम् ।
न स्तोतुं शक्यते किं तु नमस्कुर्वंति दूरतः ।।

को विष्णुः कोऽहमेते वा दिक्पाला वासवादयः ।
त्वमेव देव कर्त्तासि जगत्सृजनरक्षयोः ।।

पतिस्त्वं पार्वतीनाथ पशवो वयमप्यमी ।
बद्धं पाशेन मोक्तुं वा त्वमेवास्मान्प्रगल्भसे ।।

षड्विंशत्तत्त्वरूपस्त्वमभितश्चाभिवर्त्तसे ।
कोविदः को विनिर्णेतुं तव याथात्म्यमीश्वरः ।।

ब्रह्मा भगवान शिव से कहते हैं: हे देवों के भगवान, आपके आशीर्वाद के बिना आपकी महिमा और शक्ति को कौन समझ सकता है, जिसे आपकी कृपा से प्राप्त किया जा सकता है। शब्दों का कोई निर्माता नहीं होता। आपकी सर्वोच्च महिमा दोषरहित है। आपकी स्तुति करना संभव नहीं है। विष्णु कौन है? मैं कौन हूँ? इंद्र से शुरू होने वाले निवासों के ये संरक्षक कौन हैं? केवल आप ही, हे भगवान, पूरे ब्रह्मांड के निर्माण और संरक्षण के कारण हैं। हे पार्वती के भगवान(स्वामी), आप पथी (परम भगवान) हैं। हम सभी (ब्रह्मा और हरि सहित) पशु (व्यक्तिगत आत्माएं) हैं। आप ही हमें पाहसा(पाश (फंदा)) से बांधने में सक्षम हैं और हमें बंधन से मुक्त भी कर सकते हैं। आप छब्बीस सिद्धांतों की प्रकृति के हैं। आप सभी में व्याप्त हैं। हे ईश्वर, कौन आपके वास्तविक स्वरूप को समझने के लिए पर्याप्त बुद्धिमान हैं।

ब्रह्मवैवर्त पुराण कृष्ण जन्म खंड अध्याय 36 श्लोक 106, 108:

तस्यायुषः प्रमाणं च नाहं जानामि का श्रुतिः ।।
शंकरः परमात्मा मे प्राणेभ्योऽपि परः शिवः ।।
त्र्यम्बके मन्मनः शश्वत्र प्रियो मे भवात्परः ।।

कृष्ण राधा से कहते हैं: मुझे भगवान शिव की उम्र का पता नहीं है और यहां तक कि वेद (श्रुति) भी उनकी उम्र नहीं जानते हैं। शिव सर्वोच्च भगवान और मेरी आंतरिक आत्मा (परम आत्मा →अंतरात्मा) हैं जो मेरे अपने जीवन से भी महान हैं। मैं हमेशा अपना मन त्रयंबक (तीन आंखों वाले भगवान शिव) को समर्पित करता हूं। भगवान शिव से बड़ा कोई नहीं।

पुराणों में एक जगह है जहां ऋषि मां पार्वती की परीक्षा लेने आते हैं और उनसे पूछते हैं कि वह भगवान शिव के प्रति आकर्षित क्यों हैं और वह किसी और से शादी क्यों नहीं कर सकतीं; जिस पर माता पार्वती ऋषियों को उत्तर देती हैं:

पद्म पुराण सृष्टि खंड अध्याय 43 श्लोक 335-340, मत्स्य पुराण अध्याय 154 श्लोक 345-351:

प्रजापतिसमाः सर्वे भवंतः सर्वदर्शिनः
न नूनं वित्थ तं देवं शाश्वतं जगतः प्रभुम्

अजमीशानमव्यक्तममेयमहिमोदयम्
आस्तां तत्कर्मसद्भावं संबोधं तावदावृतम्

विदुस्तं न हरि ब्रह्ममुखा अपि सुरेश्वराः
यत्तस्यविभवं स्वोत्थं भुवनेषु विजृंभितम्

प्रकटं सर्वभूतानां तदप्यथ न वित्थ किं
कस्यैतद्गगनं मूर्तिः कस्याग्निः कस्य मारुतः

कस्य भूः कस्य वरुणः कश्चंद्रार्कविलोचनः
कस्यार्चयंति लोकेषु लिंगं भक्त्या सुरासुराः

यच्च ब्रह्मेश्वरा देवा विष्णिवन्द्राद्या महर्षयः
प्रभावं प्रभवं वापि तेषामपि न वित्थ किं

आप सभी ऋषि सर्वज्ञ हैं। फिर भी आप नहीं जानते कि परम भगवान परम शिव, जो शाश्वत हैं और ब्रह्मांड के एकमात्र स्वामी हैं, जो अजन्मे हैं, जो परम शासक हैं, जो अपरिवर्तनीय हैं और जिनकी

महानता और महिमा अतुलनीय है। यहां तक कि हरि, ब्रह्मा जैसे देवता भी उसे नहीं समझ सकते हैं, जो सभी ज्ञान की परम वास्तविकता और वस्तु है। क्या तुम उसकी उस महानता को भी नहीं जानते, जो सारे लोकों में फैली हुई है और सभी प्राणियों के लिए स्पष्ट है, जिसकी अभिव्यक्तियाँ पृथ्वी, जल, अग्नि, वायु और आकाश हैं, जिनकी आँखें चन्द्रमा और सूर्य हैं, जिनका लिंग की ब्रह्मा, हरि, इंद्र और ऋषियों के नेतृत्व में राक्षसों और देवताओं द्वारा पूजा की जाती है? क्या आप भगवान शिव को भी नहीं जानते हैं जो उनकी शक्ति के स्रोत हैं?

ब्रह्माण्ड पुराण पूर्व भाग अनुशंग अध्याय 26:

यह अध्याय ब्रह्मा और हरि की सर्वोच्चता के लिए एक-दूसरे से लड़ने की कहानी से संबंधित है। भगवान शिव उनके अहंकार को कुचलने के लिए अग्नि के एक अनंत स्तंभ के रूप में प्रकट होते हैं। यह कहानी अन्य देवताओं द्वारा विष्णु द्वारा साझा की जाती है जब वे भगवान शिव की महिमा पर सवाल उठाते हैं। मैं कुछ श्लोक साझा कर रहा हूं जहां वे भगवान शिव के सिरों का पता लगाने में असमर्थता व्यक्त करते हैं और अंत में उन्हें आत्मसमर्पण करते हैं।

श्लोक 27-30:

ततो वर्षसहस्रं तु ह्यहं पुनरधो गतः ।।
न पश्यामि च तस्यांतं भीतश्चाहं ततोऽभवम् ।।

तथैव ब्रह्मा ह्यूर्ध्व च न चांतं तस्य लब्धवान् ।।
समागतो मया सार्द्धं तत्रैव च महाभसि ।।

ततो विस्मयमापन्नौ भीतौ तस्य महात्मनः ।।
माया मोहितौ तेन नष्टसंज्ञै व्यवस्थितौ ।।

ततो ध्यानरतौ तत्र चेश्वरं सर्वतोमुखम् ।।
प्रभवं निधनं चैव लोकानां प्रभुमव्ययम् ।।

हरि देवताओं से कहते हैं: मैं हज़ारों सालों तक बहुत नीचे चला गया लेकिन मुझे अंत नहीं मिला। इससे मैं डर गया। इसी तरह ब्रह्मा ऊपर गए, लेकिन वह भी अपने चरम पर नहीं पहुंचे। वह भी मेरे साथ पानी के उस विशाल विस्तार में लौट आया। हम परम आत्मा से चकित और भयभीत थे। हम सर्वोच्च वास्तविकता भगवान शिव की माया शक्ति से भ्रमित थे। हमारा होश उड़ गया और हम

बेबस होकर वहीं रह गए। इसलिए, हमने सभी दिशाओं में हर जगह चेहरों वाले सर्वोच्च भगवान महादेव का ध्यान किया, अविनाशी भगवान जो सभी कारणों का कारण है और सभी दुनिया के विघटन का कारण है (पाताल लोक से विष्णु लोक तक)।

टिप्पणी: भगवान शिव की खोज में ब्रह्मा और हरि की यह कहानी विभिन्न पुराणों में मौजूद है: शिव, लिंग, स्कंद, पद्म, ब्रह्माण्ड, वायु, कूर्म, पराशर, आदित्य, नारद, देवी भागवत, ब्रह्मा, अग्नि, आदि।

पञ्चब्रह्म उपनिषद श्लोक 18, 19:

आदावन्ते च मध्ये च भाससे नान्यहेतुना ।
मायया मोहिताः शम्भोर्महादेवं जगद्गुरुम् ॥

न जानन्ति सुराः सर्वे सर्वकारणकारणम् ।
न सन्दृशे तिष्ठति रूपमस्य परात्परं पुरुषं विश्वधाम ॥

शंभू की माया शक्ति से मोहित होकर देवता उसे नहीं समझते; जो ब्रह्मांड के गुरु और भगवान हैं और सभी कारणों के कारण हैं। उनके रूप को भौतिक आंखों से नहीं देखा जा सकता है जो सर्वोच्च में सर्वोच्च हैं और ब्रह्मांड के आधार हैं और जिनके द्वारा ब्रह्मांड प्रकट होता है।

हमारे शास्त्रों में इस तरह के विभिन्न संदर्भ हैं जो सर्वोच्च भगवान शिव को समझने में ब्रह्मा और हरि की अक्षमता के बारे में बात करते हैं। वेद और उपनिषद भी भगवान शिव को नहीं समझ सकते। तो भगवान शिव को कौन समझ सकता है?

भगवान शिव को एक भक्त ही समझ सकता है। भगवान शिव के भक्त के कुछ गुण इस प्रकार हैं:

1) प्रामाणिक वैदिक शैव गुरुओं से शास्त्रों से भगवान शिव की महिमा सुनना
2) पंचाक्षर मंत्र (नमः शिवाय) का जप और शिव नाम संकीर्तनम करना
3) त्रिपुंड्रा, भस्म, रुद्राक्ष धारण करना
4) भगवान शिव के लिंग और विग्रह की पूजा करना
5) हरि, ब्रह्मा, इंद्र, लक्ष्मी, आदि देवताओं की पूजा में शामिल नहीं होना।
6) भगवान शिव की स्तुति गीत गाना
7) अटल विश्वास है कि केवल भगवान शिव ही सर्वोच्च भगवान हैं

8)   शिव भक्तों के साथ समय बिताना और उनकी सेवा करना

9)   हृदय में भगवान शिव के दिव्य रूप का ध्यान करना

10)   सात्विक (शाकाहारी) भोजन करना

11)   अन्य आत्माओं के लिए करुणा महसूस करना

12)   भगवान शिव की निस्वार्थ भक्ति में संलग्न होना, किसी भी भौतिक वस्तु की इच्छा न रखना और हरि, ब्रह्मा, लक्ष्मी और इंद्र के पदों में रुचि न रखना।

13)   भगवान शिव के ज्ञान को अन्य व्यक्तिगत आत्माओं में फैलाना

ये उपनिषदों, पुराणों और आगमों में बताए गए कुछ गुण हैं। इन्हें करने से व्यक्ति आसानी से भगवान शिव की सामीप्य (निकटता) प्राप्त कर सकता है।

यह चित्र महादेव की निःस्वार्थ भक्ति सेवा के परिणाम को दर्शाता है

आइए देखते हैं शास्त्रों से भक्तों के कुछ उदाहरण जिन्होंने भगवान शिव को प्राप्त किया।

वराह पुराण अध्याय 213: गोकर्णेश्वर की महानता: श्लोक 55-59:

न प्रभुत्वं न देवत्वं नेन्द्रत्वमपि वा प्रभो ।।
ब्रह्मत्वं लोकपालत्वं नापवर्गं वरप्रद ।।

नैवाष्टगुणमैश्वर्यं गाणपत्यं न च प्रभो ।।
स्पृहये देवदेवेश प्रसन्ने त्वयि शंकर ।।

यदि प्रीतोऽसि भगवन्ननुक्रोशतया मम ।।
अनुग्राह्यो ह्ययं देव त्वयावश्यं सुराधिप ।।

यथान्ये न भवेद्भक्तिस्त्वत्तो नित्यं महेश्वर ।।
तथाहं भक्तिमिच्छामि सर्वभूताशये त्वयि ।।

यथा च न भवेद्विघ्नं तपस्यानिरतस्य मे ।।

ऋषि नंदी भगवान शिव से कहते हैं: मुझे प्रभुत्व, देवताओं की स्थिति, इंद्र, ब्रह्मा या विष्णु, मुक्ति या आठ गुना शक्ति या गणों के नेतृत्व की इच्छा नहीं है। हे सर्वोच्च भगवान शंकर यदि आप मुझ पर प्रसन्न हैं और मुझ पर कृपा करना चाहते हैं, *तो कृपया मुझे ऐसी भक्ति दें जिससे मैं केवल आपकी ही पूजा करूं और कोई(किसी की नहीं) नहीं*। मैं आपके लिए भक्ति करना चाहता हूं जो सभी जीवों और देवताओं के हृदय में निवास करता है। इसमें कोई रुकावट न आने दें।

भक्त की यही मनोवृत्ति होनी चाहिए। भगवान शिव के भक्त को किसी भी चीज में कोई दिलचस्पी नहीं होती है। उसे ब्रह्मा, हरि, लक्ष्मी, इंद्र आदि के पदों को प्राप्त करने में कोई दिलचस्पी नहीं होती है क्योंकि एक भक्त जानता है कि ये पद भी अस्थायी हैं। एक भक्त की केवल एक ही इच्छा होती है कि वह भगवान शिव की निःस्वार्थ भक्ति में सदा लगा रहे। यहां हम नंदी का उदाहरण देखते हैं जहां वह भगवान शिव से एक वरदान मांगते हैं जहां वह अकेले उनकी पूजा करेंगे और किसी की नहीं और भगवान शिव की पूजा में कोई बाधा नहीं आने देंगे। यही सच्ची भक्ति है। केवल इस तरह के भक्त के लिए, भगवान शिव स्वयं को प्रकट करेंगे।

इसके बाद, भगवान शिव वास्तव में संतुष्ट हो जाते हैं और नंदी को सारुप्या (उनका रूप) देते हैं और उन्हें अपना शाश्वत सेवक बनाते हैं।

वराह पुराण अध्याय 213 श्लोक 68, 69:

मद्रूपधारी मत्तेजास्त्र्यक्षः सर्वगुणोत्तमः ।।
भविष्यसि न सन्देहो देवदानवपूजितः ।।

अनेनैव शरीरेण जरामरणवर्जितः ।।
दुष्प्राप्येयमवाप्ता ते देवैर्गणेश्वरी गतिः ।।

तुम्हारा मेरे जैसा रूप और वैभव होगा, तीन नेत्रों वाला और सभी गुणों से संपन्न और देवों और असुरों द्वारा पूजे जाने वाला। इस शरीर के साथ जो आयु और मृत्यु से मुक्त होगा, आप शिव गणों के नेता भी होंगे।

नारद पुराण उत्तर भाग अध्याय 72: गौतम की तपस्या की शक्ति: श्लोक 19-22:

ततस्तत्तपसा तुष्टो भगवानंबिकापतिः ।।
सगणो दर्शनं यातो वरं ब्रूहीत्युवाच ह ।।

भगवान शिव (अम्बिका के पति →अंबिका पति) गौतम ऋषि की तपस्या से प्रसन्न हो गए और अपने गणों के साथ उनके सामने प्रकट हुए और कहा: "मुझे बताओ, आप क्या वरदान लेना चाहेंगे?"

ततो मुनिवरो दृष्ट्वा देवदेवमुमापतिम् ।।
त्र्यंबकं स नमश्चक्रे निपत्य भुवि तत्पुरः ।।

भगवान शिव (उमा के पति→उमा पति) को देखकर, उत्कृष्ट ऋषि उनके सामने जमीन पर गिर गए और उन्हें प्रणाम किया।

तत उत्थाय सहसा कृतांजलिरुपस्थितः ।।
प्रोवाच देहि मे भक्तिं पादयोस्तव नित्यदा ।।

तुरंत उठकर, उन्होंने श्रद्धा में अपनी हथेलियों को जोड़ लिया और भगवान शिव से प्रार्थना की: *मुझे अपने चरणों में हमेशा के लिए भक्ति प्रदान करें।*

नारद पुराण उत्तर भाग अध्याय 73: त्र्यंबकेश्वर की महानता : श्लोक 117:

आगच्छतानादि मुमुक्षवो ये यूयं शिवं चिंतयतांतरेऽब्जे ।।
ध्यायंति मुक्त्यर्थममुं हि नित्यं वेदांतविज्ञानसुनिश्चितार्थाः ।।

जैमिनी मुनि कहते हैं: हे व्यक्तिगत आत्माएं जो मुक्ति की तलाश में हैं, आओ और अपने कमल-हृदय में भगवान शिव के बारे में सोचो। निश्चय ही वे लोग जिन्होंने निश्चयपूर्वक पूर्ण वेदान्तिक ज्ञान प्राप्त कर लिया है, मोक्ष के लिए सदा उनका ध्यान करते हैं।

113 श्लोकों से युक्त अद्भुत वेद पद स्तोत्र का पाठ करने के बाद, ऋषि जैमिनी को भगवान शिव का आशीर्वाद प्राप्त होता है और गणधिपत्यम (गणों के नेता का पद) प्राप्त होता है।

महाभारत अनुसासन पर्व अध्याय 14 श्लोक 352:

यदि देयो वरो महां यदि तुष्टोऽसि मे प्रभो।
भक्तिर्भक्तु मे नित्यं त्वयि देव सुरेश्वर।।

ऋषि उपमन्यु भगवान शिव से कहते हैं: यदि, हे भगवान, आप मुझ पर प्रसन्न हैं और यदि आप मुझे वरदान देते हैं, तो यह वरदान हो, हे सभी देवताओं के भगवान: **आपके प्रति मेरी भक्ति शाश्वत और सदा अडिग बनी रहे।**

स्कंद पुराण अवंती खंड अवंती क्षेत्र महात्म्य अध्याय 38 श्लोक 27-30:

यच्च ते मनसा वापि किंचिच्च कांक्षितं फलम् ।।
तत्त्सर्वं प्रदास्यामि ब्रूहि दानवसत्तम ।।

भगवान शिव ने अंधक से कहा: मुझे बताओ कि तुमने अपने मन में क्या चाहा है। मैं तुम्हें अनुदान दूंगा।

ब्राह्यं वैष्णवमेंद्रं वा पदमावृत्तिलक्षणम् ।।
विदितं मम तत्सर्वं मनागपि न कांक्षये ।।

यदि तुष्टोऽसि देवेश गाणपत्यं ददस्व मे ।।
सविशेषं विशुद्धं च तदक्षय्यं च सर्वदा ।।

अंधक ने भगवान शिव से कहा: *ब्रह्मा, हरि और इंद्र के पद निरंतर आने (जन्म)और जाने(मृत्यु) से बाध्य हैं। यह सब मुझे पता है। मुझे उनकी बिल्कुल भी इच्छा नहीं है।* हे देवताओं के भगवान, यदि आप प्रसन्न हैं, तो कृपया मुझे गणपति (शिव गणों के नेता) का पद प्रदान करें। यह कुछ ऐसा है जो शुद्ध और शाश्वत (सनातन) है।

अमरो जरया त्यक्तः सर्वदुःखविवर्जितः ।।
भविष्यसि गणाध्यक्षः सर्वलोकनमस्कृतः ।।

भगवान शिव ने अंधक से कहा: आप मृत्यु से रहित, वृद्धावस्था और सभी प्रकार के दुखों से रहित, गणों के पीठासीन अधिकारी बन जाएंगे। पूरी दुनिया आपको नमन करेगी।

स्कंद पुराण अध्याय 95 श्लोक 63:

नान्यं देवं वेद्म्यहं श्रीमहेशात्रान्यं देवं स्तौमि शंभोर्कृतेऽहम् ।।
नान्यं देवं वा नमामि त्रिनेत्रात्सत्यं सत्यं सत्यमेतन्मृषा न ।।

ऋषि व्यास ने भगवान शिव को समर्पित अपना अष्टक समाप्त करते हुए कहा: मैं महेश्वर के अलावा किसी अन्य भगवान को नहीं जानता; मैं शंभू को छोड़ किसी और भगवान की स्तुति नहीं करता; मैं तीन आंखों वाले भगवान शिव के अलावा किसी अन्य भगवान के सामने नहीं झुकता। यही सच है, सच है, सच है झूठ नहीं।

वायु पुराण पूर्वार्द्ध अध्याय 55 श्लोक 60, ब्रह्माण्ड पुराण पूर्व भाग अनुशंग अध्याय 26 श्लोक 60:

यदि प्रीतिः समुत्पन्ना यदि देयो वरश्च नौ ।
भक्तिर्भवतु नौ नित्यं त्वयि देव सुरेश्वर ।।

ब्रह्मा और हरि ने भगवान शिव से कहा: हे देवताओं के भगवान, यदि आप प्रसन्न हैं और यदि आपको कोई वरदान देना है, तो यह वरदान दीजिए कि *हम हमेशा आपके लिए समर्पित रहें और आपकी ही पूजा व भक्ति करें* ।

पद्म पुराण पाताल खंड अध्याय 105 श्लोक 236-237:

त्वत्पादयुगले शंभो भक्तिरस्तु सदा मम
अथ दत्वा वरं शंभुरिदमाह वचो हरिम्
भस्मधारणसंपन्नो मम भक्तो भविष्यसि

हरि ने भगवान शिव से कहा: *हे शंभू, मुझे हमेशा आपके चरणों की भक्ति करने दो* । तब शंभू ने वरदान देकर विष्णु से कहा: "पवित्र भस्म (भस्म या विभूति) लगाने से, तुम मेरे भक्त बन जाओगे(व बने रहोगे)।"

पद्म पुराण पाताल खंड अध्याय 117 श्लोक 182-186:

वरं वृणु प्रसन्नोऽस्मि ब्रह्मादेरपि दुर्लभम्
तवादेयं न मे किंचिद्वृणु त्वं न चिराय वै

भगवान शिव राम से कहते हैं: मैं आपसे प्रसन्न हूं, एक ऐसा वरदान मांगो जो ब्रह्मा और अन्य लोगों द्वारा भी प्राप्त करना मुश्किल हो।

न याच्यं मे जगन्नाथ भूराज्यं मम सांप्रतम्
स्वर्गश्च कर्म्मभिः प्राप्तो भक्तिस्त्वत्पाददर्शनात्

आरोग्यं पश्य भुंजेऽहं सा सीता योषितां वरा
वशीकृताः सर्वनृपाः प्रजाधर्मसमन्विताः

हर्ष एव ममापन्नस्त्वदागमनतोऽच्युत
तथापि वरये किंचिद्भक्तिरस्तु स्थिरा त्वयि

राम ने भगवान शिव से कहा: हे समस्त लोकों के स्वामी, मेरे पास मांगने के लिए कुछ नहीं है। आपकी कृपा से अब मेरा सारा राज्य मेरे अधिकार में है। आपके चरणों के दर्शन से मुझमें भक्ति

है। मेरा स्वास्थ्य अच्छा है और सीता मेरी पत्नी हैं। मैंने सभी राजाओं को अपने अधीन कर लिया है। मेरी प्रजा धार्मिकता से संपन्न है। हे अविनाशी परमात्मा, आपके आगमन से मैं प्रसन्न हो गया हूं। फिर भी कुछ माँग लूँ। *आपके प्रति मेरी भक्ति सदा स्थिर रहे।*

स्कंद पुराण काशी खंड अध्याय 26 श्लोक 58-60:

यदि प्रसन्नो देवेश देवदेव महेश्वर
भवान्या सहितं त्वां तु द्रष्टुमिच्छामि सर्वदा

सर्वकर्मसु सर्वत्र त्वामेव शशिशेखर
पुरश्चरं तं पश्यामि यथा तन्मे वरस्तथा

त्वदीय चरणांभोज मकरंदमधूत्सुकः
मच्चेतो भ्रमरो भ्रांतिं विहायास्तु सुनिश्चलः

विष्णु भगवान शिव से कहते हैं: हे देवताओं के भगवान, हे सर्वोच्च भगवान महेश्वर, यदि आप प्रसन्न हैं, तो मैं आपको हमेशा भवानी (पार्वती) के संग(के साथ) में देखना चाहता हूं। मुझे दिया जाने वाला वरदान, हे चंद्र-शिखा(चंद्रशेखर) भगवान इस प्रकार हो कि जो मुझे अपने सभी कार्यों के समय आपको हर जगह(हर जगह व हर कार्य करते हुए शिव के ही दर्शन हों), आगे बढ़ते हुए देखने में सक्षम बनाता है *। मेरा मन जो काली मधुमक्खी के समान है, भटकना बंद कर दे और तुम्हारे चरण कमलों से निकलने वाले शहद के लिए उत्साहित हो।* इसे हमेशा स्थिर रहने दें।

हमने नंदी, उपमन्यु, भृंगी, गौतम, जैमिनी, व्यास आदि जैसे महान व्यक्तियों और संतों के उदाहरण देखे। उन सभी ने केवल एक ही चीज मांगी: " **मुझे ब्रह्मा, हरि और इंद्र के पदों में कोई दिलचस्पी नहीं है। आपके चरणों के प्रति मेरी भक्ति स्थिर हो(स्थिर रहे) ।**" यहां तक कि ब्रह्मा और हरि जैसे देवता भी भगवान शिव को समर्पित हैं और वही मांगते हैं। भगवान शिव के एक सच्चे भक्त को ब्रह्मा, विष्णु और इंद्र के पदों को प्राप्त करने में कोई दिलचस्पी नहीं है जो अस्थायी हैं। वह हमेशा भगवान शिव और शिव गणों की शाश्वत सेवा में संलग्न होने के लिए लालायित रहता है।

इसलिए यहाँ ऋषि विश्वानर कहते हैं कि वेद, उपनिषद, ब्रह्मा, विष्णु, इंद्र और ध्यान करने वाले संतों सहित कोई भी भगवान शिव को नहीं समझ सकता है, लेकिन केवल एक भक्त (सच्चा भक्त) जो निःस्वार्थ भक्ति सेवा में लगा हुआ है, वह भगवान शिव को समझ और प्राप्त कर सकता है।

छंद 7:

नो ते गोत्रं नेश जन्मापि नाख्या नो वा रूपं नैव शीलं न देशः ।
इत्थंभूतोपीश्वरस्त्वं त्रिलोक्याः सर्वान्कामान्पूरयेस्तद्भजे त्वाम् ।।

हे ईश्वर, आपका कोई वंश (गोत्र) नहीं है, आप अजन्मे हैं, आप अमर हैं, सभी भौतिक रूपों से परे हैं और भौतिक प्रकृति (सत्व, राजस, तमस) के गुणों से बंधे नहीं हैं। फिर भी आप समस्त लोकों के स्वामी हैं और हमारी सभी मनोकामनाएं पूर्ण करते हैं। इसलिए मैं आपका सहारा लेता हूं और केवल आपकी पूजा करता हूं।

टिप्पणी:

यह एक बहुत ही रोचक श्लोक है क्योंकि यह भगवान शिव के विभिन्न अद्वितीय गुणों के बारे में बात करता है। हर पुराण माता पार्वती और परमेश्वर के विवाह के बारे में बात करता है जो ब्रह्मा, हरि और इंद्र जैसे देवताओं सहित पूरे ब्रह्मांड के माता-पिता हैं। हमेशा भगवान शिव की दिव्य लीलाओं का ध्यान करना चाहिए; माता पार्वती के साथ उनका विवाह सबसे महत्वपूर्ण है। ब्रह्मा, हरि, इंद्र और लक्ष्मी जैसे दिव्य ऋषियों और देवताओं सहित सभी जीवित प्राणी पार्वती और परमेश्वर के विवाह में भाग लेना और देखना चाहते थे। जब भगवान शिव हिमवान के स्थान पर आते हैं, तो हिमवान और भगवान शिव के बीच एक सुंदर बातचीत होती है।

वामन पुराण सर्ग 1 अध्याय 27 श्लोक 41-44:

सुखासीनास्य शर्वस्य कृताञ्जलिपुटो गिरिः।
प्रोवाच वचनं श्रीमान् धर्मसाधनमात्मनः।।

शरवा जो आराम से विराजमान(बैठे) थे, महान हिमवान ने हाथ जोड़कर ऐसे शब्द बोले जो पुण्य और योग्यता की ओर ले गए।

हिमवानुवाच
मत्पुत्रीं भगवन् कालीं पौत्रीं च पुलहाग्रजे।

पितृणामपि दौहित्रीं प्रतीच्छेमां मयोद्यताम्।।

हिमवान ने भगवान शिव से कहा: कृपया मेरी बेटी, बड़े भाई पुलहा की पोती और मेरे द्वारा अर्पित की गई पित्रों (पितरों) की बेटी की बेटी को स्वीकार करें।

नोट (टिप्पणी): यहां हमें यह सोचकर भ्रमित नहीं होना चाहिए कि मां पार्वती का मानव जन्म हुआ है। वह परम शिव की तरह शाश्वत है। वह भक्तों को आशीर्वाद देने, दुनिया के कल्याण के लिए और शिव भक्ति फैलाने के लिए हिमवान के घर में अपनी इच्छा से प्रकट होती है। माता पार्वती के रूप की तुलना कभी भी विष्णु के अवतार जैसे राम, कृष्ण आदि से नहीं करनी चाहिए। हरि को अपनी इच्छा से नहीं बल्कि श्रापों के कारण जन्म लेना पड़ा था। विष्णु और राम, कृष्ण सहित विष्णु के अवतार जन्म, वृद्धावस्था, रोग और मृत्यु से बंधे हैं।

इत्येवमुक्त्वा शैलेन्द्रो हस्तं हस्तेन योजयन्।
प्रादात् प्रतीच्छ भगवन् इदमुच्चैरुदीरयन्।।

यह कहकर और दुल्हन की हथेली दूल्हे की हथेली पर रखकर पहाड़ों के स्वामी ने अपनी बेटी का ब्याह कर दिया और कहा, "हे प्रभु, कृपया इसे स्वीकार कर लें।"

हर उवाच
न मेऽस्ति माता न पिता तथैव न ज्ञातयो वाऽपि च बान्धवाश्च।
निराश्रयोऽहं गिरिशृङ्गवासी सुतां प्रतीच्छासि तवाद्रिराज।।

भगवान शिव ने हिमवान से कहा: मेरी कोई माता नहीं है, कोई पिता नहीं है और इसी तरह कोई मातृ या पितृ संबंध नहीं है। मैं अकेला हूं और पहाड़ों की चोटी पर मौजूद हूं। हे पहाड़ों के राजा, मैं आपकी बेटी को स्वीकार करता हूं।

माता पार्वती और परमेश्वर का विवाह

यहां भगवान शिव ने स्वयं अपने वास्तविक स्वरूप का खुलासा किया कि वह अजन्मा है और उसका कोई माता या पिता नहीं है। ऋषि नारद, ब्रह्मा, विष्णु, व्यास आदि ने भी कई स्थानों पर इसका उल्लेख किया है। वेदों और उपनिषदों में भी इसी तरह से महादेव का वर्णन किया गया है (**अजायमानो बहुधा विजायथे**)।

इत्येवमुक्त्वा वरदोऽवपीडयत् करं करेणाद्रिकुमारिकायाः।
सा चापि संस्पर्शमवाप्य शंभोः परां मुदं लब्धवती सुरर्षे।।

इतना कहकर वरदान देने वाले शंभू ने हिमवान की पुत्री का हाथ अपने हाथ से पकड़(हाथ में थाम लिया) लिया। माता पार्वती को महादेव के संपर्क में आकर बहुत आनंद का अनुभव हुआ।

स्कंद पुराण महेश्वर खंड केदार खंड अध्याय 25 श्लोक 76-83:

अस्य गोत्रं कुलं नाम न जानंति हि पर्वत॥
ब्रह्मादयो हि विवुधा अन्येषां चैव का कथा॥

त्वं हि मूढत्वमापन्नो न जानासि हि किंचन॥
वाच्यावाच्यं महेशस्य विषया हि बहिर्मुखाः॥

येये आगमिकाश्चाद्रे नष्टास्ते नात्र संशयः॥
अरूपोयं विरूपाक्षो ह्यकुलीनोऽयमुच्यते॥

अगोत्रोऽयं गिरिश्रेष्ठ जामाता ते न संशयः॥

ऋषि नारद हिमवान से कहते हैं: हे पार्वथ (पर्वत), ब्रह्मा, विष्णु और इंद्र जैसे (से शुरू होने वाले) देवता उनके गोत्र (वंश) को नहीं जानते हैं; औरों की तो बात ही क्या है? आप भ्रमित हैं। क्या कहना चाहिए या क्या नहीं कहना चाहिए, इसके बारे में आप कुछ नहीं जानते। सभी सांसारिक वस्तुओं से महेश्वर परे हैं (उनकी प्रकृति के बाहर हैं)। हे पर्वत, जो कुछ भी उत्पन्न होता है, जो कुछ भी जन्म लेता है, वह मृत हो जाता है। इसमें तो कोई शक ही नहीं है। यह विरुपाक्ष (विषम आँखों वाला सभी भौतिक रूपों से परे है (वह शुद्ध सत्त्व है)। इसलिए उसे अकुलिना कहा जाता है (जिसके पास गोत्र नहीं है)। हे उत्कृष्ट हिमवान, आपका दामाद निस्संदेह गोत्र के बिना है।

ब्रह्मापि तं न जानाति मस्तकं परमेष्ठिनः॥
विष्णुर्गतो हि पातालं न दृष्टो हि तथैव च॥

तेन लिंगेन महता ह्यगाधेन जगत्त्रयम्॥
व्याप्तमस्तीति तद्विद्धि किमनेन प्रयोजनम्॥

अनयाराधितं नूनं तव पुत्र्या हिमालय॥
तत्त्वतो हि न जानासि कथं चैव महागिरे॥

ब्रह्मा उसे समझ नहीं सकते क्योंकि वह भगवान शिव के सिर को खोजने में विफल रहे। विष्णु भगवान शिव के चरणों की खोज में पाताल लोक में गए और वे असफल रहे। तीनों लोकों की पूरी श्रृंखला उस अथाह(अपरिमेय) लिंग से व्याप्त है। इसे समझें। उस लिंग की पूजा आपकी पुत्री ने की है। संपूर्ण ब्रह्मांड का निर्माण और पालन-पोषण परा शक्ति और परम शिव द्वारा किया गया है।

एक जगह है जहां दक्ष अहंकार से भगवान शिव को डांटते हैं लेकिन वह स्तुति का गीत बन जाता है।

स्कंद महा पुराण काशी खंड उत्तरार्द्ध अध्याय 87 श्लोक 28:

किं वंश्यस्त्वेष किं गोत्रः किं देशीयः किमात्मकः
किं वृत्तिः किं समाचारो विषादी वृषवाहनः

दक्ष कहते हैं: क्या वह किसी के वश में आता है? उसका गोत्र क्या है? उसकी जन्मभूमि क्या है? उसका स्वभाव क्या है? उसके भरण-पोषण के लिए काम क्या(क्या काम करता) है? उसका जीवन आचरण क्या है? वह जहर खाता है। उनका वाहन एक बैल है।

आइए दक्ष द्वारा भगवान शिव को गाए गए इस श्लोक को समझाएं:

क्या वह किसी के वश में आता है?

महादेव किसी के वश में नहीं हैं। सब कुछ उसके अधीन व (उसके ही) नियंत्रण में है। वह ब्रह्मा, नारायण, काल रुद्र और इंद्र सहित सभी चीजों के स्वामी हैं।

अथर्वशिख उपनिषद्:

परमात्मनि सम्प्रतिष्ठाप्य ध्यायीतेशानं प्रध्यायितव्यं सर्वमिदं ब्रह्मविष्णुरुद्रेन्द्रास्ते

सम्प्रसूयन्ते सर्वाणि चेन्द्रियाणि सह भूतैर्न कारणं कारणानां ध्याता कारणं तु ध्येयः

सर्वैश्वर्यसम्पन्नः शंभुराकाशमध्ये ध्रुवं स्तब्ध्वाधिकं शिव एको ध्येयः शिवंकरः

सर्वमन्यत्परित्यज्य समस्ताथर्वशिखैतामधीत्य द्विजो गर्भवासाद्विमुक्तो विमुच्यत

एतामधीत्य द्विजो गर्भवासाद्विमुक्तो विमुच्यत इत्योऽसत्यमित्युपनिषत्

ब्रह्मा, विष्णु, रुद्र और इंद्र और सभी इंद्रियां अपने-अपने तत्वों के साथ, उसी से उत्पन्न होती हैं। सभी कारणों के कारण ईशान का ही ध्यान करना चाहिए । वह अकेला ही ध्यान का विषय है। शंभू जो सभी के भगवान हैं, सर्वोच्च आत्मा हैं और सभी सिद्धियों जैसे कि सर्वशक्तिमान, सर्वज्ञता, सर्वज्ञता, समृद्धि, आदि से संपन्न हैं, उनका ध्यान हृदय के आकाश (दहरआकाश) के बीच में किया जाना है। भगवान शिव का ही ध्यान करना है, जो सब कुछ त्याग कर अच्छा करने का कर्ता है। इस प्रकार अथर्वशिख का समापन होता है। इस उपनिषद का अध्ययन करने वाला द्विज, मोक्ष प्राप्त करता है और कभी भी माता के गर्भ में प्रवेश नहीं करता है। इस प्रकार उपनिषद समाप्त होता है।

उसका गोत्र क्या है? उसकी जन्मभूमि क्या है?

भगवान शिव के वंश के बारे में कोई नहीं जानता। वह वंश से संबंधित नहीं है क्योंकि उसका जन्म नहीं है और वह किसी भी राष्ट्रीयता से संबंधित नहीं है। करोड़ों-करोड़ों ब्रह्मांड उसके अधीन हैं। उसे ही जन्महीन बताया गया है। ब्रह्मा, विष्णु और इंद्र सहित सभी जन्म, वृद्धावस्था, रोग और मृत्यु से बंधे हैं।

अजायमानो बहुथा विजायते

यद्यपि वह अजन्मा है, सभी का आंतरिक स्व है, वह स्वयं को कई गुना ब्रह्मांड के रूप में प्रकट करता है।

पद्म पुराण पाताल खंड अध्याय 108 श्लोक 69-70:

ब्रह्माधिकबलो विष्णुरायुषि ब्रह्मणोऽधिकः
ब्रह्मांडमालाभरणे महेशस्य ममैव तु
चतुर्निःश्वासमात्रेण विष्णोरायुरुदाहृतम्

सांबा शिव ने कहा: विष्णु के पास ब्रह्मा से अधिक शक्ति है और उनके पास ब्रह्मा से भी लंबा जीवन है। लेकिन विष्णु का जीवन महेश्वर और मेरे चार श्वासों के माप का बताया गया है।

तो इससे हमें पता चलता है कि ब्रह्मा और हरि सहित सभी लोग जन्म, वृद्धावस्था, रोग और मृत्यु से बंधे हैं। केवल भगवान शिव ही जन्म और मृत्यु से परे हैं। इसलिए भगवान शिव के लिए कोई वंश (गोत्र) नहीं है।

उसका स्वभाव क्या है?

उसका वास्तविक स्वरूप यह है कि वह शाश्वत, अविनाशी, अनंत और परम शासक है।

श्वेताश्वतर उपनिषद 6.7:

तमीश्वराणां परमं महेश्वरं तं देवतानां परमं च दैवतम् ।
पतिं पतीनां परमं परस्ताद्- विदाम देवं भुवनेशमीड्यम् ॥

भगवान शिव भगवानों के सर्वोच्च भगवान, देवताओं के सर्वोच्च देवता, सभी शासकों के शासक हैं; जो प्रकृति से भी ऊँचा है और जगत् का प्रकाशमान, आराध्य देव है।

इसे ध्यान में रखते हुए, हरिवंश पुराण में भी, भगवान शिव को **परम शासक (सर्वेश्वरम) के रूप में महिमामंडित किया गया है** ।

हरिवंश 2-74-19:

उदकं च गृहायाथ बिल्वं च हरिरव्ययः ।
देवमावाहयामास रुद्रं सर्वेश्वरेश्वरम् ॥

हरि (विष्णु) ने पानी और बिल्व पत्र लिया और **सभी देवताओं के भगवान, सर्वोच्च भगवान रुद्र का आह्वान किया ।**

उसके भरण-पोषण का काम क्या है? उसका जीवन आचरण क्या है?

उन्हें पांच गतिविधियों (सृजन, रखरखाव, विनाश, छिपाव, मुक्ति) के कर्ता के रूप में वर्णित किया गया है।। हालांकि ब्रह्मा और हरि को क्रमशः निर्माता और रक्षक के रूप में वर्णित किया गया है। वे गौण भाव से ही रचयिता और रक्षक हैं। अकेले भगवान शिव प्राथमिक निर्माता और रक्षक हैं। वह घास के तिनके से लेकर विष्णु तक सभी व्यक्तिगत आत्माओं सहित पूरे ब्रह्मांड का पालन-पोषण करता है।

ऋग्वेद 9.96.5, साम वेद पूर्वार्चिका अध्याय 5 श्लोक 527, साम वेद उत्तरार्चिका अध्याय 5 श्लोक 943:

सोमः पवते जनिता मतीनां जनिता दिवो जनिता पर्थिव्याः ।
जनिताग्नेर्जनिता सूर्यस्य जनितेन्द्रस्य जनितोत विष्णोः ॥

परा शक्ति और परम शिव (शिव + उमा →सोमा, रुद्रं अनुवाक 8: नमः सोमय च) जिन्हें पवित्र भजनों द्वारा महिमामंडित किया गया, जिन्होंने पृथ्वी, स्वर्ग, अग्नि, सूर्य, इंद्र और विष्णु को जन्म दिया।

पंचब्रह्म उपनिषद:

पञ्चकृत्यनियन्तारं पञ्चब्रह्मात्मकं बृहत् ।
पञ्चब्रह्मोपसंहारं कृत्वा स्वात्मनि संस्थितः ॥

वह पांच (सद्योजाता, वामदेव, अघोरा, तत्पुरुष, ईशान) के रूप में पांच गतिविधियों का कारण है । अन्तिम प्रलय के समय वही रहता है जो समस्त अभिव्यक्तियों को अपने में समाहित कर लेता है।

वह जहर खाता है। उनका वाहन एक बैल है।

दक्ष कहते हैं कि उन्होंने जहर खा लिया। पूरे ब्रह्मांड को बचाने के लिए भगवान शिव ने विष पी लिया और उसे अपने कंठ में रख लिया। ब्रह्मा और हरि सहित कोई भी विष पीने में सक्षम नहीं था।

हलाहल विष ने ब्रह्म लोक और वैकुंठ सहित पूरे ब्रह्मांड को नष्ट कर दिया। उस विष के कारण हरि काले हो(पड़) गए थे।

स्कंद पुराण महेश्वर खंड केदार खंड अध्याय 9 श्लोक 109:

तावत्प्रवृद्धं सुमहत्कालकूटं समभ्ययात्॥
दग्धादो ब्रह्मणो लोकं वैकुण्ठं च ददाह वै॥

महान विष कालकूट वहाँ आया। ब्रह्मा की दुनिया को जलाने के बाद, इसने वैकुंठ (विष्णु की दुनिया) को भी जला दिया।

वायु पुराण सर्ग 1 अध्याय 54 श्लोक 58, ब्रह्माण्ड पुराण अनुशंग अध्याय 25 श्लोक 57:

निर्दग्धो रक्तगौरांगो कृतः कृष्णो जनार्दनः ।।
लाल-सफेद शरीर का जनार्दन (विष्णु) कालाकूट विष से झुलसकर काला हो गया था।

मत्स्य पुराण अध्याय 250 श्लोक 46:

विष्णुः कृष्णः कृतस्तेन यमश्च विषमात्मवान्।
मूर्च्छिताः पतिताश्चान्ये विप्रनाशङ्कताः परे ।।

देवताओं ने भगवान शिव से कहा: कालकूट विष बहुत शक्तिशाली है जिसके कारण विष्णु काले हो गए हैं, धर्मराज को बेचैन किया है, कई को बेहोश किया है और कई को मार डाला है।

वेद और उपनिषद इन नामों पर प्रकाश डालते हैं: नीलग्रीव (रुद्रं में छह बार), नीलकंठ (दो बार →कैवल्य और शिव संकल्प), शितिकंठ (रुद्रं में तीन बार) जब सर्वोच्च वास्तविकता के बारे में बात करते हैं। साथ ही, यह दर्शाता है कि भगवान शिव सभी देवताओं, असुरों और ब्रह्मांड के प्रति कितने दयालु हैं।

रुद्रं अनुवाक 5 (कृष्ण यजुर्वेद तैत्तिरीय संहिता 4th सर्ग 5th अध्याय), शुक्ल यजुर्वेद वाजसनेयी संहिता 16.28: नमो नीलग्रीवाय च शितिकण्ठाय च

नीली गर्दन वाले और गहरे नीले रंग के गले वाले को नमस्कार।

बैल धर्म (धार्मिकता) का प्रतिनिधित्व करता है और धार्मिकता वाहन है या(यानी) भगवान शिव के नियंत्रण में है।

सौर उप पुराण अध्याय 45 श्लोक 58, लिंग पुराण सर्ग 2 अध्याय 18 श्लोक 38:

सत्यं ब्रह्म महादेवं पुरुषं कृष्णपिंगलम् ।।
ऊर्ध्वरतेसमीशानं विरूपाक्षमजोन्द्रवम् ।।

वह धार्मिकता और सच्चाई की पहचान है। वह सर्वोच्च ब्रह्म है। वह गहरे और सांवले व स्वर्णिम रंग का (उमा महेश्वरा) है। वह सब से ऊपर है, विषम-आंखों वाला (तीन-आंखों वाला)। वह ईशान (परम शासक), जन्महीन और हर चीज का परम(प्रथम व अंतिम) कारण है।

शिव षडक्षर स्तोत्रम श्लोक 5:

वाहनं वृषभो यस्य वासुकिः कंठभूषणम् ।
वामे शक्तिधरं देवं वकाराय नमो नमः ॥

जिसके पास वाहन के रूप में एक बैल (नंदी) है, जिसके गले में एक आभूषण के रूप में वासुकि नाग है, जिसके बाईं ओर दिव्य माता शक्ति है। उस भगवान शिव को नमस्कार, जिन्हें शब्द "वा" द्वारा दर्शाया गया है, जो शदाक्षर मंत्र "ओम-ना-मा-शि-वा-य" का पांचवां अक्षर है।

महादेव धर्मेश्वर या धार्मिकता के भगवान हैं। हालांकि दक्ष भगवान शिव का अपमान करने के लिए श्लोक का पाठ करते हैं लेकिन वास्तव में अगर हम इसका ठीक से विश्लेषण करें, तो यह स्तुति का एक सुंदर गीत है।

जब माता पार्वती हिमवान और मेनावती के घर में प्रकट हुईं, तो ऋषि नारद ने माता पार्वती के दर्शन करने के लिए एक यात्रा की। उस समय, जब हिमवान और मेनावती ने नारद ऋषि से पार्वती के बारे में पूछताछ की, तो नारद कुछ ऐसे बयान देते हैं जिससे हिमवान हैरान रह गए। ऋषि नारद तब हिमावन को उचित समझ देने के लिए उनके द्वारा दिए गए बयानों को विस्तार से बताते हैं। हम उनमें से एक को देखने जा रहे हैं।

मत्स्य पुराण अध्याय 154 श्लोक 145: न जातोऽस्याः पति

ऋषि नारद हिमवान और मेनावती से कहते हैं: उनके पति का अभी जन्म नहीं हुआ है।

मत्स्य पुराण अध्याय 154 श्लोक 167, 168:

त्वया चोक्तं हि देवर्षे! न जातोऽस्याः पतिः किल ।
एतद्दौर्भाग्यमतुलमसंख्यं गुरु दुःसहम् ।।

चराचरे भूतसर्गे यदद्यापि च नो मुने ।
न स जात इति ब्रूषे तेन मे व्याकुलं मनः ।।

हिमावन ऋषि नारद से कहते हैं: हे ऋषि, आपने कहा है कि उनके पति का अभी जन्म नहीं हुआ है जो कि सबसे बदकिस्मत और असहनीय बात है। आपने यह भी कहा है कि उनके भगवान का जन्म तीनों लोकों के ब्रह्मांड में नहीं हुआ है, जिससे मेरे मन में बहुत हलचल हुई है।

मत्स्य पुराण अध्याय 154 श्लोक 176-185:

स्मितपूर्वमुवाचेदं नारदो देवचोदितः।
हर्षस्थानेऽपि महति त्वया दुःखं निरूप्यते ।।

अपरिच्छिन्नवाक्यार्थे मोहं यासि महागिरे!।
इमां श्रृणु गिरं मत्तो रहस्यापरिनिष्ठताम् ।।

समाहितो महाशैल! मयोक्तस्य विचारणे।
न जातोऽस्याः पतिर्देव्या यन्मयोक्तं महाबल! ।।

न स जातो महादेव भूतभव्य भवोद्भवः।
शरण्यः शाश्वत शास्ता शङ्करः परमेश्वरः ।।

ब्रह्मविष्णिवन्द्रमुनयो जन्ममृत्युजरार्दिताः।
तस्यैते परमेशस्य सर्वे क्रीड़नका गिरे! ।।

आस्ते ब्रह्मा तदिच्छातः संभूतो भुवनप्रभुः।
विष्णुयुगे युगे जातो नानाजातिर्महातनुः ।।

मन्यसे मायया जातं विष्णुञ्चापि युगे युगे।
आत्मनो न विनाशोऽस्ति स्थावरान्तेऽपि भूधर!।।

संसारे जायमानस्य म्रियमाणस्य देहिनः।
नश्यते देह एवात्र नात्मनो नाश उच्यते।।

ब्रह्मादिस्थावरान्तोऽयं संसारो यः प्रकीर्त्तितः।
स जन्ममृत्युदुःखार्त्तो ह्यवशः परिवर्त्तते ।।

महादेवोऽचलः स्थाणर्न जातो जनकोऽजरः।
भविष्यति पतिः सोऽस्या जगन्नाथो निरामयः ।।

ऋषि नारद हिमवान से कहते हैं: आप सौभाग्य और सभी सौभाग्य के बीच भी चिंता में डूबे रहते हैं। हे पराक्रमी पर्वत, तुम भ्रमित हो गए हो क्योंकि तुमने मेरे शब्दों की सही व्याख्या नहीं की है। अब मुझ से छिपा सच सुनें। मैंने जो कहा है उसे समझने में सावधान रहें। उसका भगवान पैदाइशी नहीं है। क्योंकि महादेव शाश्वत भगवान, भूत, वर्तमान और भविष्य के रक्षक कभी पैदा नहीं होते हैं। वह अकेला ही सबका आश्रय है, अपरिवर्तनीय और देवता जैसे ब्रह्मा, हरि और इंद्र और ऋषि सभी जन्म, मृत्यु और बुढ़ापे के चक्र के अधीन हैं। वे महादेव के हाथ के यंत्र हैं। यह महादेव की इच्छा के माध्यम से है कि ब्रह्मा ब्रह्म लोक के स्वामी हैं और विष्णु भगवान शिव की कृपा से विभिन्न युगों के दौरान अलग-अलग शरीर धारण करते हुए विभिन्न तरीकों से प्रकट होते हैं। विष्णु और विष्णु के अवतार अस्थायी हैं और विनाश के लिए बाध्य हैं (महेश्वर माया से बंधे हुए)। भगवान शिव जो परमात्मा (परम आत्मा) हैं, मृत्यु से बंधे नहीं हैं। ब्रह्मा से शुरू होकर, विष्णु से नीचे घास के तिनके की ओर और पेड़ जैसी अचल वस्तुएं जन्म और मृत्यु के कष्टों के अधीन हैं। अकेले महादेव रोग और मृत्यु से मुक्त, अचल, अचल और कभी पैदा नहीं होते हैं। वह वृद्धावस्था के अधीन नहीं है और सभी रोगों से मुक्त है। उससे सब कुछ निकला। ऐसे महादेव जो ब्रह्मांड के स्वामी हैं, आपकी पुत्री के पति होंगे।

तो हम समझ सकते हैं कि केवल महादेव को ही जन्महीन और मृत्युहीन बताया गया है। केवल एक जन्महीन व्यक्तित्व ही अमरता की स्थिति दे सकता है, न कि कोई जो जन्म और मृत्यु से बंधा हो।

कुछ मूर्ख कहते हैं कि रुद्र ब्रह्मा या नारायण के माथे से प्रकट हुए और भगवान शिव को यह कहकर बदनाम करते हैं कि उनका कोई कारण है। जो व्यक्तित्व ब्रह्मा या नारायण के मस्तक से आता है वह काल रुद्र है न कि परम शिव। परम शिव और काल रुद्र को वेदों, उपनिषदों, पुराणों, उप-पुराणों, स्मृतियों, इतिहास, आदि में विभेदित किया गया है। परम शिव को हमेशा ब्रह्मा, नारायण और काल रुद्र का कारण घोषित किया गया है।

हमने शुरुआत में ही पद्म पुराण से एक संदर्भ देखा है जहां ब्रह्मा और नारायण भगवान शिव के दाएं और बाएं अंगों से उत्पन्न होते हैं और काल रुद्र परम शिव के हृदय से उत्पन्न होते हैं। आइए कुछ और संदर्भ देखें।

कूर्म पुराण सर्ग 1 अध्याय 26 श्लोक 88, 89:

पश्येतं मां महादेवं भयं सर्वं प्रमुच्यताम् ।
युवां प्रसूतौ गात्रेभ्यो मम पूर्वं सनातनौ ।।

अयं मे दक्षिणे पार्श्वे ब्रह्मा लोकपितामहः ।
वामपार्श्वे च मे विष्णुः पालको हृदये हरः ।।

भगवान शिव ब्रह्मा और हरि से कहते हैं: मुझे यानी सर्वोच्च भगवान महादेव को देखो; आपके सभी भय दूर हो जाएं। पहले तुम दोनों, जो नित्य हैं, मेरे अंगों से उत्पन्न हुए हैं। मेरे दाहिनी ओर जगतों के दादा ब्रह्मा हैं; संसार के रक्षक हरि मेरे बायीं ओर हैं और हारा (काल रुद्र) मेरे हृदय में निवास करते हैं।

महाभारत अनुसासन पर्व अध्याय 14 श्लोक 347-348:

योऽसृजद्दक्षिणादङ्गाद्ब्रह्माणं लोकसम्भवम्।
वामपार्श्वात्तथा विष्णुं लोकरक्षार्थमीश्वरः।।

युगान्ते चैव सम्प्राप्ते रुद्रमीशोऽसृजत्प्रभुः।
स रुद्रः संहरन्कृत्स्नं जगत्स्थावरजङ्गमम्।।

उपमन्यु भगवान शिव से कहते हैं: आपने अपने दाहिने अंग से ब्रह्मा और अपने बाएं अंग से विष्णु को बनाया। आपने काल रुद्र को युग के अंत में बनाया था जब पूरी सृष्टि को भंग करने की आवश्यकता थी। वह काल रुद्र जो तुमसे उत्पन्न हुआ है, समस्त चल-अचल प्राणियों सहित समस्त सृष्टि का नाश कर देता है।

ब्रह्माण्ड पुराण पूर्व भग अनुषङ्गपादः अध्याय 26 श्लोक 58, वायु पुराण पूर्वार्द्धि अध्याय 55 श्लोक 58:

अयं मे दक्षिणो बाहुर्ब्रह्मा लोकपितामहः।
वामो बाहुश्च मे विष्णुर्नित्यं युद्धेषु तिष्ठति।

भगवान शिव कहते हैं: ब्रह्मा मेरा दाहिना हाथ है। विष्णु मेरा बायां हाथ है।

बृहज्जाबाल उपनिषद्:

त्रिनेत्रं त्रिगुणाधारं त्रयाणां जनकं प्रभुम्
स्मरन्नमः शिवायेति ललाटे तल्लिपुण्ड्रकम्

त्रिपुंड (भस्म या विभूति) को माथे पर खींचकर भगवान शिव का ध्यान करना चाहिए, जिनकी तीन आंखें हैं, जो भौतिक प्रकृति के तीन गुणों (सत्व, रजस, तमस) से परे हैं और जो तीनों के पिता हैं (ब्रह्मा, नारायण, काल रुद्र) "नमः शिवाय" मंत्र का जाप करते हुए।

हर जगह उन्हें भौतिक प्रकृति के तीन गुणों (सत्व, रजस, तमस) से परे और ब्रह्मा, नारायण और काल रुद्र के निर्माता के रूप में वर्णित किया गया है।

यह भगवान शिव की इच्छा से है कि उनका आंशिक रूप काल रुद्र ब्रह्मा या नारायण के माथे से प्रकट होता है ताकि ब्रह्मांड के निर्माण और रखरखाव में उन दोनों की मदद की जा सके। इसलिए रुद्रम भगवान शिव की महिमा इस प्रकार करता है:

नमो अग्रियाय च प्रथमाय च

उसे नमस्कार है जो सृष्टि से पहले अस्तित्व में था और उसे जो सभी चीजों में प्रथम है।

नमः पूर्वजाय चापरजाय च नमो मध्यमाय च

उन्हें नमस्कार है जो सबके(सबसे) पहले उपस्थित थे और जो सृष्टि(रचना) के बाद और सृष्टि(रचना) के मध्य में प्रकट हुए थे।

कूर्म पुराण सर्ग 1 अध्याय 10 श्लोक 17:

कच्चिन्न विस्मृतो देवः शूलपाणिः सनातनः ।
यदुक्तवानात्मनोऽसौ पुत्रत्वे तव शंकरः ।।

विष्णु ब्रह्मा से कहते हैं: क्या आप भूल गए हैं कि आपने शाश्वत भगवान महादेव जो त्रिशूल धारण करते हैं उन्हें (उनसे) अपने पुत्र के रूप में प्रकट होने का अनुरोध किया था।

कूर्म पुराण सर्ग 1 अध्याय 26 श्लोक 97-98:

भविष्यत्येव भगवांस्तव पुत्रः सनातनः
अहं च भवतो वक्त्रात् कल्पादौ सुररूपधृक्
शूलपाणिर्भविष्यामि क्रोधजस्तव पुत्रकः

भगवान शिव हरि से कहते हैं: मैं, शाश्वत भगवान एक कल्प की शुरुआत में आपके मुंह से निकलकर आपके पुत्र के रूप में मेरे हाथ में एक त्रिशूल के साथ प्रकट होंगा।

तो इस तरह के और भी कई संदर्भ हैं कि भगवान शिव ब्रह्मा, नारायण और काल रुद्र के निर्माता हैं और वे त्रिमूर्ति से परे हैं। काल रुद्र और परम शिव के बीच का अंतर वेदों, पुराणों, उप-पुराणों, स्मृतियों, इतिहास आदि में सर्वसम्मति से कहा गया है।

तो भगवान शिव अकेले जन्महीन हैं और **अयोनिजा → गर्भ से पैदा नहीं हुए हैं ।**

इसके बाद , उन्हें भौतिक प्रकृति के तीन गुणों से परे होने के रूप में वर्णित किया गया है। उपनिषदों और पुराणों में हर जगह भगवान शिव को शुद्ध सत्त्व (सत्व, रजस, तमस से परे) के रूप में वर्णित किया गया है। उनका रूप भी भौतिक प्रकृति के तीन गुणों से प्रभावित नहीं होता है।

कैवल्य 4, मुंडक 3.2.6, महानारायण 12.15 उपनिषद:

परेण नाकं निहितं गुहायां विभ्राजते यद्यतयो विशन्ति
वेदान्तविज्ञानसुनिश्चितार्थाः संन्यासयोगाद्यतयः शुद्धसत्त्वाः ।
ते ब्रह्मलोकेषु परान्तकाले परामृताः परिमुच्यन्ति सर्वे ॥

भगवान शिव हृदय की गुफा में विराजमान हैं और तेजस्वी हैं। यति उसे प्राप्त करते हैं जो वेदांत (वेदों के उपनिषद अंत) के ज्ञान के परिणामस्वरूप दृढ़ विश्वास के →साथ होते हैं और जिनके मन सांसारिक इच्छाओं को त्यागकर शुद्ध होते हैं। वे सभी अपने जीवन के अंत में ब्रह्म (सर्वोच्च वास्तविकता परम →शिव) की सर्वोच्च दुनिया (महा कैलाश) में जाते हैं और जन्म और मृत्यु के बार-बार चक्र से मुक्त हो जाते हैं और अमर हो जाते हैं।

शिव गीता अध्याय 14 श्लोक 37:

दैवी ह्येषा गुणमयी मम माया दुरत्यया ।
मामेव ये प्रपद्यन्ते मायामेतां तरन्ति ते ॥

भगवान शिव राम से कहते हैं: तीन गुणों सत्व, रजस और तमस से युक्त इस माया शक्ति को किसी के द्वारा दूर करना बहुत मुश्किल है। केवल वही जो मेरे सामने समर्पण करते हैं, वे ही इसे आसानी से पार कर सकते हैं।

नोट: यह श्लोक भगवद् गीता में भी मिलता है जैसा कि हमने पहले दूसरे श्लोक की भाष्य में देखा है, भगवद् गीता भगवान शिव द्वारा बोली गई थी और भगवद् गीता भगवान शिव का ही रूप है। यह अर्जुन को भगवान शिव ने कृष्ण को एक यंत्र के रूप में उपयोग करके दिया था।

तो ये सभी संदर्भ स्पष्ट रूप से घोषित करते हैं कि वह प्रकृति के भौतिक गुणों से प्रभावित नहीं है और वह तीन गुणों से परे है (शुद्ध सत्त्व हैं) ।

उन्हें पाताल लोक से लेकर इंद्र, ब्रह्मा, वैकुंठ, गोलोक, स्कंद और देवी लोक सहित सभी दुनिया के स्वामी के रूप में वर्णित किया गया है।

ऋग्वेद 5.3.3:

तव श्रिये मरुतो मर्जयन्त रुद्र यत ते जनिम चारु चित्रम |
पदं यद विष्णोर उपमं निधायि तेन पासि गुह्यं नाम गोनाम ||

हे रुद्र, महान वैभव वाले, विष्णु ने शिव लिंग में आपकी पूजा करके लक्ष्मी के साथ वैकुंठ के भगवान होने का स्थान प्राप्त किया।

हमेशा वेद मंत्रों और उपनिषदों को एक सहायक तथ्य (उप-ब्रह्मणम) की सहायता से समझना चाहिए। आइए देखें इस वेद मंत्र के लिए सहायक तथ्य।

पराशर उप पुराण अध्याय 1 6 श्लोक 15-19:

ददाति सर्वजन्तूनामचिरादेव सत्तम ।
रौद्रं लिङ्गं महाविष्णुर्भक्तचा शुद्धं शिलामयम् ॥ १५ ॥
चारुचित्रं समभ्यर्च्य लब्धवान् परमं पदम् ।
या च लक्ष्मी: समाख्याता महाविष्णोश्च वल्लभा ॥ १६ ॥
यस्य लिङ्गं समभ्यर्च्य संपूज्य: सर्वचेतनै: ।

विष्णु ने शिव लिंग में महादेव की पूजा करके ही ब्रह्मांड के रक्षक होने का स्थान प्राप्त किया और अपनी पत्नी के रूप में लक्ष्मी के साथ वैकुंठ को भी प्राप्त किया, वह भगवान शिव जो महान वैभव के साथ है और जो सभी व्यक्तिगत आत्माओं का कारण है। (**चारुचित्रम शब्द पर ध्यान दें** जो ऋग् मंत्र में भी आता है)।

ब्रह्मा सर्वंजगत्कर्ता यस्य लिङ्गार्चनेन तु ॥ १७ ॥

भारतीं प्राप्तवानाशु, स पूज्यः सर्वचेतनैः ।
यस्य⁴ लिङ्गं समभ्यर्च्य स्वभर्तुर्वल्लभाऽभवत् ॥ १८ ॥

शची देवी स्त्रियश्चान्याः स पूज्यः सर्वचेतनैः ।
यस्य लिङ्गं समभ्यर्च्य मरुतः सकला अपि ॥ १९ ॥

ब्रह्मा ने शिव लिंग में महादेव की पूजा करके ब्रह्मांड के निर्माता होने का स्थान प्राप्त किया और सरस्वती को अपनी पत्नी के रूप में प्राप्त किया, जो महान वैभव के साथ है और जो सभी व्यक्तिगत आत्माओं का कारण है। इंद्र ने स्वर्ग (स्वर्ग) के प्रभारी होने का पद प्राप्त किया और शिव लिंग में महादेव की पूजा करके शची को अपनी पत्नी के रूप में प्राप्त किया, जो महान वैभव के साथ है और जो सभी व्यक्तिगत आत्माओं का कारण है। वही पूजा मारुतों और अन्य सभी देवताओं द्वारा की गई और उन्होंने क्रमशः अपना स्थान प्राप्त किया।

स्कंद पुराण काशी खंड अध्याय 23 श्लोक 65:

वैकुंठैश्वर्यमासाद्य हरेरित्थं हरः स्वयम् ॥
कैलासे प्रमथैः सार्धं स्वैरं क्रीडत्युमापतिः ॥

उमा के पति भगवान शिव, हरि को वैकुंठ और संपूर्ण ऐश्वर्या (समृद्धि) प्रदान करते हैं(व प्रदान करते हुए), हमेशा कैलाश में माता पार्वती और प्रमथ गणों (भगवान शिव के भक्त) के साथ स्वतंत्र रूप से खेलते व आनंद देने वाले रूप में रहते हैं।

इससे हम समझ सकते हैं कि विष्णु ने शिव पूजा में शामिल व व्यस्त होकर वैकुंठ, गोलोक के प्रभारी होने का स्थान प्राप्त किया। ब्रह्मा, इंद्र और अन्य सभी देवताओं के साथ भी ऐसा ही है। अकेले भगवान शिव ही समस्त लोकों के स्वामी हैं।

श्वेताश्वतर उपनिषद 3.17:

सर्वस्य प्रभुमीशानं सर्वस्य शरणं सुहृत् ॥

भगवान शिव सब कुछ(सभी) के परम भगवान और सभी के सर्वोच्च शासक हैं। वे सभी जीवों के प्रिय मित्र हैं जो हृदय में निवास करते हैं और सभी के लिए परम शरणस्थल भी हैं।

एक प्रिय मित्र के रूप में, वह सभी जीवों और देवताओं की भी इच्छा पूरी करते हैं। अहंकार से बंधे होने पर वह उन्हें सजा भी देते हैं। इसलिए सब कुछ त्याग कर अकेले भगवान शिव का सहारा लेना चाहिए जो सभी का भला करने वाले हैं। उन्हें ऋषि **विश्वानर द्वारा सर्वाकामानपूराय** के रूप में वर्णित किया गया है, जिसका अर्थ है कि वे सभी जीवों की सभी इच्छाओं को पूरा करते हैं। भौतिक इच्छाओं को ध्यान में रखते हुए भगवान शिव की पूजा करने में कुछ भी गलत नहीं है। लेकिन समय के साथ, सकामा (इच्छाओं के साथ) के साथ भगवान शिव की पूजा निष्कामा (इच्छाओं के बिना) हो जानी चाहिए। क्योंकि अंततः हम भगवान शिव के अलावा जो कुछ भी चाहते हैं, वह अस्थायी होता है। भगवान शिव अकेले सर्वोच्च वास्तविकता अपरिवर्तनीय, अविनाशी हैं।

अध्याय 8
भगवान शिव ब्रह्मा और हरि सहित सभी के भगवान

छंद 8:

त्वत्तः सर्वं त्वं हि सर्वं स्मरारे त्वं गौरीशस्त्वं च नग्रोऽतिशांतः ।
त्वं वै वृद्धस्त्वं युवा त्वं च बालस्तत्त्वं यत्किंनास्यतस्त्वां नतोस्मि ।।

सब कुछ तुमसे उत्पन्न होता है, हे काम(कामदेव, वासना) के दुश्मन (स्मरा); आप हर चीज के स्वामी हैं। आप गौरी माता के स्वामी हैं; आप बिना कपड़ों के हैं और अत्यधिक शांत हैं। आप वृद्ध हैं, आप युवा और बच्चे हैं। ऐसा क्या है जो आपसे संबंधित नहीं है? इसलिए मैं नतमस्तक हूं और केवल आपको समर्पण करता हूं।

टिप्पणी:

हम पहले ही दूसरे श्लोक (**ऋषि विश्वानर कहते हैं: एकः कर्ता**) के भाष्य में विभिन्न संदर्भ देख चुके हैं, जहां भगवान शिव को सभी कारणों के कारण और अंतिम कारण के रूप में वर्णित किया गया है, जिनसे ब्रह्मा, हरि, इंद्र, पृथ्वी, आदि सहित सब कुछ उत्पन्न होता है। आइए कुछ और संदर्भ देखें।

महाभारत द्रोण पर्व अध्याय 202 श्लोक 12-14:

महादेवं हरं स्थाणुं वरदं भुवनेश्वरम् ।
जगत्प्रधानमजितं जगत्प्रीतिमधीश्वरम् ।।

जगद्योनिं जगद्बीजं जयिनं जगतो गतिम् ।
विश्वात्मानं विश्वसृजं विश्वमूर्तिं यशस्विनम् ।।

विश्वेश्वरं विश्वनरं कर्मणामीश्वरं प्रभुम् ।
शंभुं स्वयंभुं भूतेशं भूतभव्यभवोद्भवम् ।।

ऋषि व्यास अर्जुन से कहते हैं: ब्रह्मांड के सर्वोच्च देवता और वरदान देने वाले भगवान को महादेव, हरा(हर) और स्थानु कहा जाता है। वह ब्रह्मांड में सभी (प्रत्येक) प्राणियों में सबसे सर्वोच्च व आगे है,

वह परास्त होने में असमर्थ है, वह ब्रह्मांड का आनंद लेने वाला और ब्रह्मांड का सर्वोच्च शासक है। हर चीज का परम कारण, ब्रह्मांड का प्रकाश और आश्रय और वह हमेशा विजयी होता है। वह आत्मा और ब्रह्मांड का निर्माता है और ब्रह्मांड स्वरूप है, वह सभी देवताओं और सभी जीवों को समृद्धि (ऐश्वर्य) प्रदान करता है(समृद्धि का दाता है)। वह ब्रह्मांड का स्वामी है और उस पर शासन करता है; वह सभी क्रियाओं का स्वामी है। वह जो शंभू भी कहा जाता है, वह स्वयं पैदा हुआ है (किसी के द्वारा नहीं बनाया गया), वह सभी प्राणियों का स्वामी है और भूत, वर्तमान और भविष्य की उत्पत्ति है।

अथर्वशीर उपनिषद:

अहमेकः प्रथममासं वर्तामि च भविश्यामि च नान्यः कश्चिन्मत्तो व्यतिरिक्त इति

जब देवताओं ने भगवान शिव से "आप कौन हैं" प्रश्न पूछा, तो भगवान शिव ने देवताओं को उत्तर दिया: "मैं ही सृष्टि से पहले शुरुआत में मौजूद था और अनादि काल से भी पहले, मैं अभी मौजूद हूं और मैं मौजूद रहूंगा भविष्य में भी। मेरे यानी सर्वोच्च भगवान के अलावा कुछ भी(अलग) मौजूद नहीं है" ।

श्वेताश्वतर उपनिषद 6.9:

स कारणं करणाधिपाधिपो न चास्य कश्चिज्जनिता न चाधिपः

वह **सभी का परम कारण है** और व्यक्तिगत आत्माओं का शासक है। **वह पूर्वज या किसी** नियंत्रक के बिना है

श्वेताश्वतर उपनिषद 6.13:

नित्यो नित्यानां चेतनश्चेतनानामेको बहूनां यो विदधाति कामान् ।
तत्कारणं साङ्ख्ययोगाधिगम्यं ज्ञात्वा देवं मुच्यते सर्वपाशैः ॥

वह शाश्वतों(सनातन) के बीच शाश्वत(सनातन) है, सभी बुद्धिमानों में बुद्धिमान है। हालांकि वह किसी दूसरे के बिना एकमात्र परम भगवान हैं, वह सभी की इच्छाओं को पूरा करता है। भगवान शिव, आत्म-प्रकाशमान भगवान, परम कारण जिसे ज्ञान और भक्ति द्वारा समझा जा सकता है, को समझने पर सभी बंधनों से मुक्त हो जाता है।

महादेव को कामदेव के दुश्मन के रूप में वर्णित किया गया है क्योंकि उन्होंने काम को जलाकर राख कर दिया था। इसलिए उन्हें कामेश्वर कहा जाता है। काम और काल हमेशा भगवान शिव के नियंत्रण में रहते हैं।

इंद्र ऋषि गौतम की पत्नी अहिल्या की सुंदरता से आकर्षित थे, जिसके कारण उन्हें ऋषि गौतम ने शाप दिया था। चंद्रमा (चंद्र) ऋषि बृहस्पति की पत्नी के प्रति आकर्षित थे। ऋषि विश्वामित्र मेनका नाम की एक दिव्य महिला के प्रति आकर्षित थे। ऋषि व्यास और भारद्वाज घृतची नाम की एक दिव्य महिला की सुंदरता के प्रति आकर्षित थे । ब्रह्मा और हरि जैसे देवताओं सहित सभी लोग वासना से बंधे थे।

ब्रह्मा के अहंकार को नष्ट करने के लिए काल भैरव, भगवान शिव की आंशिक अभिव्यक्ति ने ब्रह्मा के पांचवें सिर को अपने नाखून की नोक से काट दिया।

नोट: काल भैरव और वीरभद्र भगवान शिव के आंशिक रूप हैं न कि स्वयं भगवान शिव । कुछ लोग गलत समझते हैं कि काल भैरव और वीरभद्र स्वयं भगवान शिव हैं। वे भगवान शिव के महान भक्त हैं और वे भगवान शिव की इच्छा को पूरा करने में संलग्न हैं। यहां तक कि ब्रह्मा और हरि भी काल भैरव और वीरभद्र का सामना नहीं कर सकते, जो भगवान शिव के केवल आंशिक रूप हैं, फिर स्वयं भगवान शिव की क्या बात करें।

कुछ मूर्खों का कहना है कि काल भैरव ब्रह्म हत्या से बंधे थे। लेकिन लोगों को यह एहसास नहीं है कि यह भगवान शिव के आदेश के तहत है, काल भैरव दुनिया को एक उदाहरण दिखाने के लिए प्रायश्चित का संस्कार करते हैं, न कि इसलिए कि वह ब्रह्महत्या से बंधे थे।

शिव महा पुराण शतरुद्र संहिता अध्याय 8 श्लोक 62:

ब्रह्महत्यापनोदाय व्रतं लोकाय दर्शय

भगवान शिव काल भैरव से कहते हैं: दुनिया को एक ब्राह्मण को मारने के पाप को दूर करने के लिए प्रायश्चित का संस्कार दिखाओ।

शिव महा पुराण शतरुद्र संहिता अध्याय 9 श्लोक 31, 32:

संहारकाले संप्राप्ते सदेवात्रिखिलान्मुनीन् ।।
लोकान्वर्णाश्रमवतो हरिष्यसि यदा हर ।।

तदा कृते महादेव पापं ब्रह्मवधादिकम् ।।
पारतन्त्र्यं न ते शम्भो स्वैरं क्रीडत्यतो भवान् ।।

जब काल भैरव विष्णु और लक्ष्मी को आशीर्वाद देने के लिए वैकुंठ जाते हैं, तो विष्णु काल भैरव की महिमा इस प्रकार करते हैं : जब प्रलय का समय आता है, हे संसार के संहारक, आप सभी देवताओं, ऋषियों और सभी जातियों और जीवन के चरणों के लोगों का संहार करते हैं। फिर ब्राह्मणों और अन्यों का वध करने के पाप का तुम पर कोई प्रभाव नहीं पड़ता। आप इनसे बंधे नहीं हैं और काफी स्वतंत्र हैं। आप जैसे चाहें वैसे अपना कार्य कर सकते हैं।

शिव महा पुराण शतरुद्र संहिता अध्याय 9 श्लोक 36, 40:

यश्चिन्तयति पुण्यात्मा तव पादाम्बुजद्वयम् ।।
ब्रह्महत्याकृतमपि पापन्तस्य व्रजेत्क्षयम् ।।

अद्य मे परमो लाभस्त्वद्य मे मंगलं परम् ।।
तं दृष्ट्वामृत तृप्तस्य तृणं स्वर्गापवर्गकम् ।।

यदि कोई पवित्र आत्मा आपके चरणकमलों के जोड़े का ध्यान करे, तो उसका ब्राह्मण-वध का पाप भी समाप्त हो जाता है। मुझे आज सबसे अधिक लाभ हुआ है। मेरे पास आज सबसे शुभ संकेत हैं। यह वैकुंठ और मुक्ति भी मेरे लिए घास के एक तिनके के समान तुच्छ हैं, जो आपके दर्शन के अमृत से संतुष्ट हैं।

काल भैरव प्रलय के समय देवताओं, ऋषियों और लोगों सहित सब कुछ नष्ट कर देते हैं। तो विष्णु स्पष्ट रूप से कहते हैं कि जब काल भैरव समय के अंत में सब कुछ नष्ट कर देते हैं तो ब्राह्मण को मारने का पाप उन्हें कैसे प्रभावित कर सकता है। साथ ही, वह यह भी कहते हैं कि काल भैरव के चरणों का ध्यान करने से ब्राह्मण को मारने का पाप नष्ट हो जाता है। वह काल भैरव के दर्शन की भी लालसा रखते हैं। ये भगवान शिव के भक्त→काल भैरव की महिमा मात्र हैं। तो क्या कहें खुद भगवान शिव की। भगवान शिव का भक्त(मुक्त आत्मा) स्वयं ब्रह्मा और हरि जैसी पतित आत्माओं

के पापों को भी दूर कर सकता है। तो इसका कोई मतलब नहीं है जब लोग यह कहकर उपहास करने की कोशिश करते हैं कि काल भैरव ब्रह्म हत्या से बंधे थे।

रुद्रं में भगवान शिव को पापों और गुणों से परे वर्णित किया गया है:

या ते रुद्र शिवा तनू-रघोराऽपापकाशिनी

हे भगवान शिव, जो अपने पहलू के साथ पर्वत में निवास करके खुशी की वर्षा करते हैं जो कि शांतिपूर्ण और हमेशा अच्छाई और **पापों और गुणों से परे है** ।

केवल महादेव को पापों और गुणों से परे वर्णित किया गया है। पापों और गुणों से परे केवल एक व्यक्ति ही व्यक्ति की आत्मा को सभी पापों से मुक्त कर सकता है। वही भगवान शिव हैं। इसी के साथ, वीरभद्र और काल भैरव जैसी मुक्त आत्माएं जो शिव गण (भगवान शिव के भक्त) हैं, पापों और गुणों से मुक्त हैं।

वाल्मीकि रामायण अध्याय 63 श्लोक 4, 5:

पूर्वम् मया नूनम् अभीप्सितानि पापानि कर्माणि असत्कृत् कृतानि ।
तत्र अयम् अद्य पतितो विपाको दुःखेन दुःखम् यद् अहम् विशामि ॥

राज्य प्रणाशः स्व जनैः वियोगः पितुर् विनाशो जननी वियोगः ।
सर्वानि मे लक्ष्मण शोक वेगम् आपूरयन्ति प्रविचिन्तितानि ॥

सीता को खोने के बाद राम लक्ष्मण से कहते हैं: मैंने अपने पिछले जन्मों में निश्चित रूप से, आदतन और वांछनीय रूप से गलत कर्म किए होंगे और अब मैं उन सभी पापों का फल भोग रहा हूं जो बहुत पके हुए हैं और मुझ पर गिरे हैं और मुझे दुख के बाद दुख प्राप्त हो रहा है । मैं अपने राज्य से वंचित हूं, अपने लोगों से विदा हूं, मुख्य रूप से सीता, मेरे पिता चले गए और मैं अपनी मां से अलग हो गया, और लक्ष्मण, जब इन सभी बातों पर बहुत गहराई से विचार किया गया तो वे मेरी पीड़ा को बढ़ा रहे हैं।

यहाँ राम स्वयं स्वीकार करते हैं कि उनके द्वारा किए गए पिछले कुकर्मों के कारण वे पापों से बंधे हैं। पुराणों में एक स्थान ऐसा भी है जहां विष्णु ने जालंधर का रूप धारण किया और वृंदा के साथ संबंध बनाकर आनंद लिया और जिसके परिणामस्वरूप वृंदा विष्णु को श्राप देती हैं।

पद्म पुराण उत्तर खंड अध्याय 15 श्लोक 42-44:

प्रियं गाढं समालिंग्य चुचुंब रतिलोलुपा
मोक्षादप्यधिकं सौख्यं वृंदा मोहनसंभवम्

मेने नारायणो देवो लक्ष्मीप्रेमरसाधिकम्
वृंदां वियोगजं दुःखं विनोदयति माधवे

तत्क्रीडाचारुविलसद्द्वापिका राजहंसके
तद्रूपभावात्कृष्णोऽसौ पद्मायां विगतस्पृहः

विष्णु (जालंधर के रूप में) ने वृंदा की सुंदरता से मोहित होने के बाद उनके साथ मिलकर व उनके रुप पर मोहित होकर आनंद प्राप्त किया और उन्होंने माना कि वृंदा से प्राप्त आनंद मोक्ष से श्रेष्ठ है (मोक्ष या मुक्ती वास्तव में सर्वोच्च शांति है जिसे कोई अकेले भगवान शिव से प्राप्त कर सकता है), और उन्होंने लक्ष्मी से अधिक वृंदा के साथ अधिक आनंद प्राप्त करने का अनुभव किया। विष्णु ने वृंदा के साथ संबंध बनाने के बाद लक्ष्मी के लिए अपनी सारी लालसा खो दी।

यह विपरीत लिंग के प्रति आकर्षण की शक्ति को दर्शाता है। विष्णु, ब्रह्मा, इंद्र और ऋषियों जैसे व्यक्तित्व भी वासना से बंधे हैं। विष्णु वृंदा को देखकर अपनी इच्छाओं को नियंत्रित नहीं कर सके और लक्ष्मी को भूल गए और वृंदा के साथ विवाह में संलग्न हो गए; जिसके कारण उसे वृंदा ने श्राप दे दिया। भगवान शिव को छोड़कर, घास के तिनके से लेकर विष्णु तक सभी वासना से बंधे हैं। वासना पर विजय पाने के लिए भगवान शिव को समर्पण करना पड़ता है।

पद्म पुराण उत्तर खण्ड अध्याय 15 श्लोक 54:

अहं मोहं यथानीता त्वया माया तपस्विना
तथा तव वधूं माया तपस्वीकोऽपि नेष्यति

वृंदा ने विष्णु को यह कहते हुए शाप दिया: "क्योंकि तुम एक तपस्वी के रूप में भेष में आए और मुझे बहकाया; कोई सन्यासी के वेश में भविष्य में आपकी पत्नी को छीन लेगा।

वृंदा द्वारा विष्णु को दिए गए श्राप के कारण; रावण एक ऋषि के रूप में आया और राम की अनुपस्थिति के दौरान सीता को ले गया और इसलिए राम वाल्मीकि रामायण में लक्ष्मण को एक बयान देते हैं जैसा कि हमने पहले देखा था, कि वह पूर्व व अतीत में किए गए पापों को काट(भोग) रहा है। सर्वोच्च भगवान शिव ने भी युद्ध में रावण को हराने के लिए राम पर कृपा की।

स्कंद पुराण ब्रह्म खंड सेतु महात्म्यम् अध्याय 47 श्लोक 42, 43:

एवं रावणघातेन ब्रह्महत्यासमुद्भवः ।
समभूद्रामचंद्रस्य लोककांतस्य धीमतः ।।

तत्सहैतुकमाख्यातं भवतां ब्रह्मघातजम् ।
पापं यच्छांतये रामो लिंगं प्रातिष्ठिपत्स्वयम् ।।

रावण को मारकर, रामचंद्र ने ब्रह्महत्या (ब्राह्मण का वध) का पाप किया था। इस पाप को मिटाने के लिए ही राम ने लिंग की स्थापना की थी।

शिव महा पुराण शतरुद्र संहिता अध्याय 22 श्लोक 46:

संमोहितः कामबाणैर्लेभे तत्रैव निर्वृतिम् ।।
ताभिश्च वरनारीभिः क्रीडमानो बभूव ह ।।

कामदेव के बाणों से मोहित, विष्णु ने पाताल लोक (पाताल लोक) में सर्वोच्च (कामिक) आनंद प्राप्त किया। वह वहाँ की सुन्दर स्त्रियों के साथ कुकर्म करने लगा।

यह एक और स्थिति है जहां विष्णु पाताल लोक को प्राप्त करने के बाद वहां की महिलाओं की सुंदरता के प्रति आकर्षित हो जाते हैं और वे उनके साथ जुड़ जाते हैं और शिव माया में गिरकर बच्चों को जन्म देते हैं । महादेव बाद में विष्णु के अहंकार को नष्ट करने के लिए एक बैल के रूप में प्रकट होते हैं।

देवी भागवत पुराण सर्ग 5 अध्याय 1 श्लोक 32:

एकापि बन्धनविधौ युवती समर्था पुंसो यथा सुदृढलोहमयं तु दाम ।
किं नाम षोडशसहस्रशतार्धकाश्च तं स्वीकृतं शुकमिवातिनिबन्धयन्ति ॥

जब एक युवती अकेली होते हुए भी एक पुरुष को माया के जाल से लोहे की मजबूत जंजीर की तरह बांध सकती है, तो इसमें क्या आश्चर्य है कि सोलह हजार पचास महिलाएं कृष्ण को अपने हाथों में शुक पक्षी की तरह खेला सकतीं हैं और उसे एक साधन बना देती हैं किसी भी उद्देश्य की पूर्ति के लिए जो उन्हें पसंद हो।

कृष्ण परम शिव और परा शक्ति की माया शक्ति से बंधे थे और उन्होंने कई महिलाओं के साथ कामदेव (काम) को आत्मसमर्पण कर दिया था।

तो जैसा कि पहले कहा गया है, हरि, ब्रह्मा, इंद्र और सभी ऋषियों सहित सभी लोग कामदेव से बंधे हैं। एकमात्र व्यक्ति जिसने कामदेव को नष्ट किया है और उसे अपने नियंत्रण में रखा है, वह भगवान शिव हैं। भगवान शिव को हरि, ब्रह्मा और इंद्र जैसे अन्य देवताओं के समान मानने वाले कामदेव ने भगवान शिव में वासना को प्रेरित करने की कोशिश की, लेकिन अंत में, वह भगवान शिव के तीसरे नेत्र से आई आग से जलकर राख हो गए। इसलिए भगवान शिव को कामेश्वर कहा जाता है जिसका अर्थ है कि वे कामदेव के भगवान हैं या जिनके नियंत्रण में कामदेव हैं।

मत्स्य पुराण अध्याय 154 श्लोक 242, 245:

निरासे मदनस्थित्या योगमाया समावृतः।
सहकारतरौ दृष्ट्वा मृदुमारुत निर्धुतम् ।

स्तवकं मदनोरम्यं हर वक्षसि सत्वरम् ।।

भगवान शिव की माया शक्ति से बंधे कामदेव (कामदेव) ने अपने मित्र वसंत ऋतु को ले जाकर सुगंधित फूलों के एक समूह का एक आकर्षक बाण बनाया, जिसके ऊपर कोमल हवा चल रही थी, तब कामदेव ने भगवान शिव की छाती पर प्रहार किया।

मत्स्य पुराण अध्याय 154 श्लोक 250-252:

बभूव वदने नेत्रं तृतीयमनलाकुलम् ।
रुद्रस्य रौद्रवपुषो जगत्संहार भैरवम् ।।

तदन्तिकस्थे मदने व्यस्फारयत धूर्जटिः ।

तं नेत्रविस्फुलिङ्गेन क्रोशतात्राकवासिनाम् ।।

गमितो भस्मसात्तूर्णं कन्दर्पः कामिदर्पकः ।
स तु तं भस्मसात् कृत्वा हरनेत्रोद्भवोऽनलः ।।

भगवान शिव का तीसरा नेत्र ऐसा जल गया मानो वह संसार को भस्म करने वाला हो और क्रोध की भयानक अग्नि उत्पन्न हो गई हो। उस आँख के खुलने से, वर्षा में आग की चिंगारियाँ गिरने लगीं और कामदेव तुरन्त जलकर राख हो गए, जब देवताओं ने पुकारा "हाय! हाय! यह क्या है"। तीसरे नेत्र की अग्नि तब इतनी भयानक प्रतीत हुई मानो तीनों लोकों को जला देगी।

अब कुछ शिव द्रेषी(भगवान शिव से घृणा करने वाले) भगवान शिव को बदनाम करने के लिए कहेंगे कि शिव मोहिनी के प्रति आकर्षित थे। मूर्ख यह नहीं समझते कि महादेव की गतिविधियाँ दिव्य हैं और उनकी गतिविधियों को कोई भी नहीं समझ सकता है। सबसे पहले, मोहिनी विष्णु नहीं है। यह पराशक्ति स्वयं मोहिनी के रूप में प्रकट होती है जिसे ब्रह्माण्ड पुराण में स्पष्ट रूप से समझाया गया है।

ब्रह्माण्ड पुराण ललिता महात्म्यं उत्तर भाग अध्याय 10 श्लोक 4:

इतस्मीन अनंतरे विष्णुह सर्वलोककैराक्षकः
सम्यग आराध्यामासा ललिताम् स्वैक्यारूपिनीम्

विष्णु ने परम शिव की पत्नी परा शक्ति (या) ललिता त्रिपुरसुंदरी की पूजा और ध्यान किया।

पराशक्ति स्वयं मोहिनी रूप में प्रकट हुई। महादेव मोहिनी के साथ जुड़ गए जो कोई और नहीं बल्कि परा शक्ति है। दूसरे, यह एक दैवीय कारण से होता है। महिषासुर एक राक्षस था जिसने देवताओं के लिए बहुत तबाही मचाई और परा शक्ति ने स्वयं को उसे मारने के लिए दुर्गा के रूप में प्रकट किया। उसके मारे जाने के बाद महिषासुर की बहन महिषासुरी अपने भाई की मृत्यु के लिए देवताओं से बदला लेना चाहती थी। तो वह एक बुद्धिमान वरदान मांगेगी कि केवल हरि और हर(महादेव) का पुत्र ही उसे मारने में सक्षम हो। जैसा कि हमने पहले देखा, मोहिनी कोई और नहीं बल्कि स्वयं परा शक्ति है क्योंकि विष्णु तीनों लोकों की देवी का ध्यान करते हैं और वह खुद को मोहिनी के रूप में प्रकट करती हैं। उनके मिलन से, शास्थ का जन्म हुआ। वह महिषासुर की मृत्यु का कारण हुआ। तो महादेव की गतिविधियों को हरि, ब्रह्मा और इंद्र जैसे देवताओं सहित कोई भी नहीं समझ सकता है।

इसलिए जब उपमन्यु अपनी माता से भगवान शिव के बारे में पूछता है तो उपमन्यु की माता उससे कहती हैं:

महाभारत अनुसासन पर्व अध्याय 14 श्लोक 134:

दुर्विज्ञेयो महादेवो दुराधारो दुरन्तकः।
दुराबाधश्च दुर्ग्राह्यो दुर्द्दश्यो ह्यकृतात्मभिः।।

अशुद्ध आत्माओं के लोगों द्वारा महादेव को जानना अत्यंत कठिन है। ये लोग उसे अपने हृदय में धारण करने या यहाँ तक कि उसे समझने में भी असमर्थ हैं। वे उसे अपने दिमाग में नहीं रख सकते। वे न तो उसे पकड़ सकते हैं और न ही उसे देख सकते हैं।

तो जब देवता स्वयं माया शक्ति से बंधे हुए हैं, तो उन लोगों की क्या बात करें जो भगवान शिव के प्रति घृणा रखते हैं और हमेशा भगवान शिव को बदनाम करने में लगे रहते हैं। वे हमेशा के लिए बार-बार जन्म लेने और हमेशा के लिए पीड़ित होने के लिए बाध्य हैं। तो जैसा कि पहले कहा गया है, यह केवल महादेव हैं जिनके नियंत्रण में कामदेव हैं। अध्यात्म में प्रगति करने और भगवान शिव की प्राप्ति के लिए कामदेव पर विजय पाना बहुत जरूरी है। इसलिए कामदेव पर विजय पाने के लिए हमें उस व्यक्ति के सामने आत्मसमर्पण करना होगा जिसके नियंत्रण में कामदेव है और जिसे कामदेव भी पास जाने से डरता है। वह कोई और नहीं बल्कि भगवान शिव हैं। इसलिए व्यक्ति को अपनी इंद्रियों को पूरी तरह से भगवान शिव को समर्पित करने में लगाना होगा ताकि हम कामदेव से प्रभावित न हों।

महादेव को गौरी के भगवान के रूप में वर्णित किया गया है। हमने वेदों, उपनिषदों, पुराणों आदि से कई संदर्भ देखे हैं, जहां भगवान शिव को उमा के भगवान, अंबिका के भगवान (उमापति, अंबिकापति, आदि) के रूप में वर्णित किया गया है। उमा, अंबिका, हैमवती, हिमावदगिरीकण्यक, श्री, गौरी, अन्नपूर्णा, अपर्णा, शक्ति आदि शब्द अक्सर शास्त्रों में माता पार्वती का जिक्र करते हुए आते हैं। गौरी शब्द ललिता सहस्रनाम (635th नाम) में आता है। दिव्य सर्वोच्च देवी परा शक्ति भगवान शिव के बारे में ज्ञान देने वाली हैं।

ऋषि विश्वानर ने भगवान शिव को बिना कपड़ों के बताया। इसे हम दो तरह से समझ सकते हैं। एक यह है कि महादेव को दिगंबर कहा जाता है, जिनके →वस्त्र के रूप में चार निवास व दिशाएं (उत्तर, पूर्व, दक्षिण, पश्चिम) हैं।

रुद्रं अनुवाक 2 (कृष्ण यजुर्वेद तैत्तिरीय संहिता 4th सर्ग 5th अध्याय), शुक्ल यजुर्वेद वाजसनेयी संहिता 16.17: दिशां च पतये नमो

भगवान शिव की जय जो चारों दिशाओं (उत्तर, पूर्व, दक्षिण, पश्चिम) के स्वामी हैं।

पद्म पुराण पाताल खंड अध्याय 114 (भगवान शिव और राम के बीच संवाद) श्लोक 27 0, 271 (वही नारद पुराण पूर्व भाग अध्याय 79 श्लोक 221, 222) में मौजूद है:

दिशोंऽबरे जटा केशा भसितं चांगरागकम्
महोक्षो वाहनं गोत्रं कुलं चाज्ञातमेव च
ज्ञायेते पितरौ नैव विरूपाक्षं तथा वपुः

माता पार्वती भगवान शिव से कहती हैं: चार दिशाएं (निवास) तुम्हारे वस्त्र हैं। आपके उलझे हुए बाल ही आपके खूबसूरत बाल हैं। आपके शरीर पर भस्म लगाई गई है। महान बैल आपका वाहन है। आपका गोत्र (वंश) और परिवार ज्ञात नहीं है। आपके माता-पिता अज्ञात हैं। आपके पास तीसरी आंख है।

यहां मां पार्वती भगवान शिव की अनूठी(अनोखी) विशेषताओं के बारे में बात करती हैं। उनके स्वभाव (तत्व) को शुद्ध भक्त के अलावा कोई कभी नहीं समझ सकता। प्रत्येक देवता अपने शरीर को वैभवशाली कपड़े और सुगंधित सुगंध आदि से सजाते हैं। लेकिन भगवान शिव के चार भाग (उत्तर, पूर्व, दक्षिण, पश्चिम) हैं और उनके पूरे शरीर पर भस्म है। हरि, ब्रह्मा और इंद्र सहित हर देवता का एक कारण है लेकिन भगवान शिव के कारण या वंश का पता नहीं है। उनके माता-पिता को नहीं जाना जाता है क्योंकि वह स्वयंभू (स्वतंत्र) हैं। सभी देवताओं को दो नेत्रों वालों के रूप में वर्णित किया गया है, लेकिन केवल भगवान शिव के तीन नेत्र हैं। इसलिए उन्हें वेदों, उपनिषदों, पुराणों आदि में त्रिनेत्र, त्रिलोचन, त्र्यंबक, त्रयक्ष, त्रिनयन कहा गया है। अन्य देवताओं की तुलना में भगवान शिव का रूप ही अद्वितीय है और केवल उनके रूप का ध्यान करने पर, कोई भी बार-बार जन्म और मृत्यु के चक्र को पार कर जाएगा अन्यथा नहीं।

 महादेव की अद्वितीयता के बारे में दूसरा यह बताया गया है जहां महादेव को पशुओं का अभिमान नष्ट करके उनकी खाल को अपने वस्त्र के रूप में धारण करने के रूप में वर्णित किया गया है। वेदों में महादेव को "कृत्तिवास" कहा गया है। पुराणों में उनका वर्णन हाथी की खाल को अपने वस्त्र (गजचर्मांबरधरा), बाघ की खाल को वस्त्र (व्याघ्रचर्मांबरधरा), हिरण की खाल को वस्त्र

(द्विपचर्माम्बरधरा) और नरसिंह(मनुष्य-सिंह) की खाल को उनके वस्त्र के रूप में (नृसिंहचर्म अंबरधारा, नृसिंहकृत्तिवासन) धारण करने वाले के रूप में वर्णित किया गया है।

शुक्ल यजुर्वेद वाजसनेयी संहिता 16.51, रुद्रं अनुवाक 10 (कृष्ण यजुर्वेद तैत्तिरीय संहिता 4th सर्ग 5th अध्याय):

मीढुष्टम शिवतम शिवो नः सुमना भव ।
परमे वृक्ष आयुधं निधाय कृत्तिं वसान आचर पिनाकं विभ्रदागहि ॥

हे भगवान शिव जो कामनाओं को देने वालों में सबसे महान हैं और जो सर्वोच्च शुभ व्यक्तित्व हैं। हे भगवान शिव, अच्छे के कर्ता, कृपया शुभ, उपकार करें और हम पर कृपा करें। कृपया अपने हथियार पेड़ों पर रखें और हमारे पास आएं भगवान शिव जो पिनाक नाम के धनुष को धारण करते हैं और नरसिंह (पुरुष-शेर) की खाल को अपने वस्त्र के रूप में धारण कर रहे हैं।

कृष्ण यजुर्वेद तैत्तिरीय संहिता 1.8.6, शुक्ल यजुर्वेद वाजसनेयी संहिता 3.60-61:

त्र्यम्बकं यजामहे सुगन्धिं पुष्टिवर्धनम् । उर्वारुकमिव बन्धनान्मृत्योर्मुक्षीय माऽमृतात्
एषते रुद्र भाग स्तञ्जुषस्व तेनावसेन परो मूजवतोऽती ह्यवतत धन्वा पिनाकहस्तः कृत्तिवासाः

मैं त्रयंबक (तीन नेत्रों वाले भगवान शिव) को, जिनकी मीठी सुगंध है, जो अपने प्रिय भक्तों को संपूर्ण रूप से समृद्धि, स्वास्थ्य और धन प्रदान करते हैं, को बलि चढ़ाता हूं। जैसे पका हुआ खीरा बंधी हुई डंठल से अलग हो जाता है, वैसे ही मैं मृत्यु से मुक्त होकर अमरता (मोक्ष →मुक्ति) प्राप्त कर सकूं। कृपया इस यज्ञ को स्वीकार करें, हे रुद्र जो मुजावत पर्वत में अपने हाथ में पिनाका धनुष के साथ मौजूद है और नरसिंह (मानव-शेर) की त्वचा को अपने वस्त्र के रूप में पहने हुए है (भगवान शिव ने नरसिंह की खाल को अपने वस्त्र के रूप में नरसिंह के अभिमान को नष्ट करने के बाद पहना था)

नरसिंह के अहंकार को नष्ट करने वाले शाराबेश्वर

तो हम देखते हैं कि कृष्ण यजुर्वेद तैत्तिरीय संहिता में "कृत्तिवास" या "कृत्तिंवसान" शब्द 2 स्थानों पर आता है। सहायक तथ्य (या) उप-ब्रह्मणम् विभिन्न पुराणों में मौजूद है।

लिंग पुराण सर्ग 1 अध्याय 96 श्लोक 115, शिव पुराण शतरुद्र संहिता अध्याय 12 श्लोक 36:

नृसिंहकृत्तिवसनस्तदाप्रभृति शंकरः

उस दिन से (जिस दिन भगवान शिव शरभेश्वर के रूप में प्रकट हुए और नरसिंह के अभिमान को नष्ट कर दिया), शंकर (भगवान शिव) ने नरसिंह (मानव-शेर) की खाल को अपने वस्त्र के रूप में पहना हुआ है।

अंत में, ऋषि विश्वानर ने यह कहकर अष्टक समाप्त किया कि सब कुछ भगवान शिव के संबंध में है। वह वृद्ध, युवा, बच्चे आदि सहित सभी की आंतरिक आत्मा है।

श्वेताश्वतर उपनिषद 4.3:

त्वं स्त्री त्वं पुमानसि त्वं कुमार उत वा कुमारी ।
त्वं जीर्णो दण्डेन वञ्चसि त्वं जातो भवसि विश्वतोमुखः ॥

आप एक औरत हैं; आप एक आदमी हैं; आप युवा भी हैं और युवती भी। आप कर्मचारीयों के साथ आदमी हैं; आप सभी दिशाओं में मुड़े हुए चेहरों वाले हैं।

रुद्रं भगवान शिव की महिमा इस प्रकार करता हैं:

नमो वृद्धाय च संवृद्धने च

प्राचीन या वृद्ध को नमस्कार जिसकी शास्त्रों द्वारा जोर से प्रशंसा की जाती है और जिसकी अनंत प्रसिद्धि है।

अपगल्भाय च

उसे सलाम जो बहुत छोटा व युवा (जवान) है।

महादेव सबसे बड़े (ज्येष्ठ) हैं, लेकिन वे दिखने में पांच साल के बच्चे की तरह दिखते हैं। जब बेज्ज महादेवी ने खुद को भगवान शिव की माता के रूप में माना और भगवान शिव को वात्सल्य भावम (मातृ स्नेह) में संलग्न किया, तो भगवान शिव वास्तव में उनकी भक्ति से बंधे हुए थे और उन्हें वरदान देने के लिए एक छोटे बच्चे की तरह उनके सामने प्रकट हुए। बेज्ज महादेवी ने भगवान शिव से एक बच्चे के रूप में उनके साथ मातृ प्रेम में संलग्न होने के अलावा और कुछ नहीं मांगा। यह एक सच्चे भक्त का उदाहरण है। एक भक्त केवल भगवान शिव की शाश्वत सेवा में संलग्न होने के अलावा कुछ भी नहीं मांगता है। महादेव ने उसे यह कहते हुए उत्तर दिया कि वह पूरे ब्रह्मांड की दादी बन गई है। ऐसा क्यों? क्योंकि पार्वती और परमेश्वर पूरे ब्रह्मांड के माता-पिता हैं और क्योंकि बेज्ज महादेवी ने अपने अटूट मातृ-पितृ के प्यार भाव के माध्यम से महादेव का दिल जीत लिया, इसलिए उन्होंने महादेव के पिता होने का दर्जा हासिल कर लिया, जिनके माता-पिता नहीं हैं और जिनका कोई कारण नहीं है । इसलिए महादेव ने उन्हें पूरे ब्रह्मांड की दादी के रूप में संबोधित किया। ऋषि विश्वानर और शुचिस्मती के हृदय को जानने वाले महादेव ऋषि विश्वानर को वरदान देने के लिए काशी के वीरेश लिंग में आठ साल के एक सुंदर लड़के के रूप में प्रकट हुए।

तो कोई भी प्रेम और स्नेह के साथ जिस भी प्रकार महादेव का अनुभव करना चाहता है, भगवान शिव उन इच्छाओं को पूरा करते हैं।

एक बात ध्यान देने योग्य है कि, ऋषि विश्वानर द्वारा गाए गए सभी आठ श्लोकों में, उन्होंने प्रत्येक श्लोक में प्रपद्ये, भजे आदि शब्द का प्रयोग किया है। वह महिमा करते हैं कि भगवान शिव से बड़ा कुछ भी नहीं है और वह अकेला ही सभी का स्वामी है और फिर वह कहते हैं "मैं उस भगवान शिव को आत्मसमर्पण करता हूं"। परमपिता परमात्मा को समर्पण करना बहुत महत्वपूर्ण है।

समर्पण निस्वार्थ भक्ति से आता है । निस्वार्थ भक्ति भगवान शिव के बारे में जानने की तीव्र इच्छा **(अभिलाषा) होने से आती है।** भगवान शिव के बारे में जानने की तीव्र इच्छा भस्म लगाने, भगवान शिव की स्तुति गाने, भगवान शिव के बारे में कथा सुनने आदि से होती है। भगवान शिव के बारे में सुनना भगवान शिव के भक्तों के साथ समय बिताने से ही विकसित होता है। कलि के इस युग में, हमें और भी ऐसे लोग मिल सकते हैं जो भगवान शिव के प्रति घृणा रखते हैं। ऋषि दधीचि और गौतम ने इसकी भविष्यवाणी की थी। तो एक सच्चे शिव भक्त को बहुत सावधान रहना चाहिए कि वह किसके साथ समय बिता रहा है। यदि आप किसी ऐसे व्यक्ति के साथ समय बिताते हैं जो शिव निंदा (महादेव का उपहास) में संलग्न है, तो आप उसी दृष्टिकोण को विकसित करेंगे। तो शिव भक्ति में प्रगति के लिए केवल शिव भक्तों के साथ जुड़ना चाहिए जो कि मुक्ति (मोक्ष) का एकमात्र

मार्ग है। शिव भक्तों के साथ जुड़ाव तभी होता है जब किसी ने पिछले जन्मों में और भगवान शिव की कृपा से शिव भक्ति की हो।

कूर्म पुराण सर्ग 1 अध्याय 30 श्लोक 27, 28:

कुर्वन्ति चावताराणि ब्राह्मणानां कुलेषु वै ।
दधीचशापनिर्दग्धाः पुरा दक्षाध्वरे द्विजाः ।।

निन्दन्ति च महादेवं तमसाविष्टचेतसः ।
वृथा धर्मं चरिष्यन्ति कलौ तस्मिन् युगान्तिके ।।

ऋषि व्यास अर्जुन से कहते हैं: जो ब्राह्मण पहले दक्ष के यज्ञ के दौरान ऋषि दधीचि के श्राप की आग में पूरी तरह से जल गए थे, उनका पुनर्जन्म ब्राह्मणों के परिवारों में होगा। कलियुग में, उनके मन तमस (अज्ञान) से अभिभूत हैं और वे महादेव की निंदा करेंगे। उनकी धर्म की व्यर्थ खोज होगी।

कूर्म पुराण सर्ग 1 अध्याय 30 श्लोक 37-43:

अनायासेन सुमहत् पुण्यमाप्नोति मानवः ।
अनेकदोषदुष्टस्य कलेरेष महान् गुणः ।।

तस्मात् सर्वप्रयत्नेन प्राप्य माहेश्वरं युगम् ।
विशेषाद् ब्राह्मणो रुद्रमीशानं शरणं व्रजेत् ।।

ये नमन्ति विरूपाक्षमीशानं कृत्तिवाससम् ।
प्रसन्नचेतसो रुद्रं ते यान्ति परमं पदम् ।।

यथा रुद्रनमस्कारः सर्वकर्मफलो ध्रुवः ।
अन्यदेवनमस्कारान्न तत्फलमवाप्नुयात् ।।

एवंविधे कलियुगे दोषाणामेवशोधनम् ।
महादेवनमस्कारो ध्यानं दानमिति श्रुतिः ।।

तस्मादनीश्वरानन्यान् त्यक्त्वा देवं महेश्वरम् ।
समाश्रयेद् विरूपाक्षं यदीच्छेत् परमं पदम् ।।

नार्चयन्तीह ये रुद्रं शिवं त्रिदशवन्दितम् ।
तेषां दानं तपो यज्ञो वृथा जीवितमेव च ।।

ऋषि व्यास अर्जुन से कहते हैं: हालांकि कलियुग कई मायनों में दोषपूर्ण है, इसमें एक बड़ी अच्छी बात है। लोग बिना किसी बड़े तप व दबाव के बहुत बड़ी योग्यता प्राप्त कर सकते हैं। इसलिए महेश्वर के इस कलियुग में पहुंचने के बाद, एक व्यक्ति हर तरह से और विशेष देखभाल के साथ रुद्र, ईशान की शरण लेता है। जो लोग नरसिंह (मानव-शेर) की त्वचा को अपने वस्त्र के रूप में पहने हुए तीन आंखों वाले ईशान को नमन करते हैं, उनके मन में प्रसन्नता होगी और भगवान शिव की सर्वोच्च आध्यात्मिक दुनिया(महा कैलाश) को प्राप्त करेंगे। जैसे भगवान शिव की पूजा करने से निश्चित रूप से सभी वांछित फल मिलते हैं, वैसे ही अन्य देवताओं को प्रणाम करने से वह लाभ प्राप्त नहीं होगा। कलियुग में, दोषों को शुद्ध करने का एकमात्र साधन महादेव की पूजा करना, उनका ध्यान करना और श्रुति (वेदों) में बताए अनुसार भगवान शिव के बारे में ज्ञान का प्रसार करना है। इसलिए, यदि कोई भगवान शिव के उच्चतम क्षेत्र को प्राप्त करना चाहता है, तो उसे सर्वोच्च भगवान शिव के अलावा अन्य सभी देवताओं (विष्णु, ब्रह्मा, लक्ष्मी, इंद्र, आदि) का व उन देवताओं की भक्ति का त्याग करना चाहिए और केवल तीन आंखों वाले महेश्वर का सहारा लेना चाहिए। उन लोगों का जीवन, परोपकारी उपहार, तपस्या और बलिदान वास्तव में व्यर्थ है जो भगवान शिव की पूजा नहीं करते हैं जिन्हें देवताओं (विष्णु, ब्रह्मा, लक्ष्मी, इंद्र, आदि) द्वारा भी नमस्कार किया जाता है।

सूत संहिता यज्ञ वैभव खानन्द ब्रह्म गीता अध्याय 2 शलोक 35-40, 43:

वेदबाह्येषु मार्गेषु संस्कृता ये नराः सुराः ।
ते हि पाषण्डिनः साक्षात्तथा तैः सहवासिनः ॥

कलौ जगद्विधातारं शिवं सत्यादिलक्षणम् ।
नार्चयिष्यन्ति वेदेन पाषण्डोपहता जनाः ॥

वेदसिद्धं महादेवं साम्बं चन्द्रार्धशेखरम् ।
नार्चयिष्यन्ति वेदेन पाषण्डोपहता जनाः ॥

वेदोक्तेनैव मार्गेण भस्मनेव त्रिपुण्ड्रकम् ।
धूलनं नाचरिष्यन्ति पाषण्डोपहता जनाः ॥

रुद्राक्षधारणं भक्त्या वेदोक्तेनैवे वर्त्मना ।
न करिष्यन्ति मोहेन पाषण्डोपहता जनाः ॥

लिङ्गे दिने दिने देवं शिवरुद्रादिसंज्ञितम् ।
नार्चयिष्यन्ति वेदेन पाषण्डोपहता जनाः ॥

वेदबाह्येन मार्गेण पूजयन्ति जनार्दनम् ।
निन्दन्ति शङ्करं मोहात्पाषण्डोपहता जनाः ॥

जो लोग वेदों के बाहर झूठे सिद्धांतों का पालन करते हैं, उन्हें पाशांदी के रूप में वर्णित किया जाता है । जो लोग झूठे सिद्धांतों का पालन करने वालों के साथ जुड़ते हैं, उन्हें भी पाशांदी के रूप में वर्णित किया जाता है। कलियुग में, झूठे सिद्धांतों का पालन करने वालों(पाशंदीयों) के प्रभाव के कारण, लोग ब्रह्मांड के प्रथम व अंतिम कारण भगवान शिव की पूजा नहीं करते हैं, जिनके पास वेद मंत्रों के साथ दिव्य गुण हैं। जो लोग सांब शिव, महादेव की पूजा नहीं करते हैं, जिनके माथे पर अर्धचंद्र है और जिन्हें वेदों के अंतिम सार के रूप में वर्णित किया गया है, उन्हें पाशांदी के रूप में वर्णित किया गया है। जो लोग अपने शरीर पर त्रिपुंड्रा, भस्म, रुद्राक्ष नहीं लगाते हैं, उन्हें पाशांदी कहा जाता है। जो लोग शिव लिंग पूजा में शामिल नहीं होते हैं और जो भगवान शिव का ध्यान नहीं करते हैं उन्हें पाशांदी कहा जाता है। जो लोग विष्णु की पूजा करते हैं और महादेव का अपमान करते हैं, उन्हें पाशांदी कहा जाता है।

सूत संहिता और कूर्म पुराण के उपरोक्त संदर्भों में, हम देख सकते हैं कि कलियुग में शिव निंदा (महादेव का उपहास) कैसे फैलाया जाएगा। इसलिए जो लोग उनके(पाशंदीयों के) साथ जुड़ते हैं, उन्हें भी सूत ऋषि के अनुसार पाशांदी के रूप में वर्णित किया गया है। इसलिए हमेशा शिव भक्तों के साथ समय बिताना चाहिए, त्रिपुंड्रा, भस्म, रुद्राक्ष लगाना, शिव लिंग की पूजा करना, भगवान शिव का ध्यान करना और अकेले उनकी(परम शिव की) पूजा करनी, जिससे व्यक्ति जन्म और मृत्यु के चक्रों को पार कर सके।

उपसंहार

अपनी पुस्तक की शुरुआत में, मैंने कहा होगा कि "**अभिलाष**" शब्द का अर्थ इच्छा (या) मनोकामना है। भगवान शिव के बारे में और जानने की तीव्र इच्छा होनी चाहिए। ऋषि विश्वानर को भगवान शिव की महिमा करने की इच्छा थी। उन्होंने आठ साल के एक सुंदर बच्चे के रूप में भगवान शिव के दर्शन के बाद आनंद की भयावहता का अनुभव करते हुए इस सुंदर अष्टक को गाया। इस दुनिया में, हमारे पास अलग-अलग चीजों के लिए आग्रह है: अधिक धन, प्रसिद्धि, धन, शक्ति, सेक्स इत्यादि अर्जित करना। लेकिन इस भौतिक दुनिया में हम जो भी आनंद लेते हैं, वह अस्थायी है। यह केवल थोड़े समय के लिए ही रहता है।

नारद पुराण उत्तर भाग अध्याय 73: त्र्यंबकेश्वर की महानता **: श्लोक 115:**

क्रोशंतमीशं पतितं भवाब्धौ नाकुस्थमंडूकमिवातिभीतम् ।
कदा नु मां रक्षति देवदेवो हिरण्यरूपः स हिरण्यसंवक् ।

जैमिनी मुनि कहते हैं: देवताओं का वह भगवान, भगवान शिव, जिनके पास स्वर्ण रूप और स्वर्ण वैभव हैं, मेरी रक्षा कब करेंगे। मैं भगवान को पुकार रहा हूँ। *मैं सांसारिक अस्तित्व व सांसारिक जीवन के इस सागर में गिर गया हूँ। मैं इस सांसारिक अस्तित्व व जीवन से बहुत भयभीत हूं जो एक मेंढक की तरह है जो एक बांबी में स्थित है जिसमें एक सांप रहता है।*

जैमिनी ऋषि इस सांसारिक जीवन व अस्तित्व के सागर को खतरनाक और भयावह बताते हैं। जितना अधिक हम इस संसार में सुख प्राप्त करने का प्रयास करेंगे, उतना ही हम दुख में समाप्त होंगे। इसलिए हर चीज का उपयोग महेश्वर की सेवा में करना शुरू कर देना चाहिए क्योंकि सब कुछ (भावुक, अचेतन) उसी का है। शाश्वत सुख केवल महादेव ही दे सकते हैं। भगवान शिव को जानने और प्राप्त करने की तीव्र इच्छा विकसित करनी चाहिए। एक बार ऐसा होने पर, भगवान शिव स्वयं व्यक्ति की आत्मा को वैदिक शैव गुरु (जो कैवल्य, श्वेताश्वतर, अथर्वशीरस उपनिषदों में वर्णित पाशुपत (या) अत्याश्रम व्रत के अभ्यासी हैं) से आध्यात्मिक दीक्षा लेने का निर्देश देते हैं। जीवन भर शिव धर्म का पालन करने से व्यक्ति महा कैलाश (सर्वोच्च आध्यात्मिक दुनिया(धाम)) में जाकर चिरस्थायी शांति प्राप्त करता है और सांसारिक अस्तित्व के इस महासागर में लौटने के बिना महेश्वर की शाश्वत सेवा में संलग्न हो जाता है।

भगवान शिव द्वारा ऋषि विश्वानर को बताए गए अभिलाष अष्टकम का जप करने का गुण:

अभिलाषाष्टकं पुण्यं स्तोत्रमेतत्त्वयेरितम् ।।
अब्दं त्रिकालपठनात्कामदं शिवसंनिधौ ।।

एतत्स्तोत्रस्य पठनं पुत्र पौत्र धनप्रदम् ।।
सर्वशांतिकरं चापि सर्वापत्परिनाशनम् ।।

स्वर्गापवर्ग संपत्तिकारकं नात्र संशयः ।।
प्रातरुत्थाय सुस्नातो लिंगमभ्यर्च्य शांभवम् ।।

वर्षं जपन्निदं स्तोत्रमपुत्रः पुत्रवान्भवेत् ।।
वैशाखे कार्तिके माघे विशेषनियमैर्युतः ।।

यः पठेत्स्नानसमये स लभेत्सकलं फलम् ।।

आपके द्वारा पढ़ी गई यह प्रार्थना "अभिलाष अष्टक" (अष्टक) सराहनीय व मेधावी है। एक वर्ष तक दिन में तीन बार मेरी उपस्थिति में या मेरे मंदिर में इसका पाठ करने से सभी मनोकामनाएं प्राप्त होती हैं। इस प्रार्थना के पाठ से पुत्र, पौत्र और धन की प्राप्ति होती है। यह सभी शांति का कारण बनता है और सभी आपदाओं का शमन करता है। इसमें कोई संदेह नहीं है कि यह स्वर्ग, मुक्ति और धन की प्राप्ति के लिए अनुकूल है। भक्त को सुबह जल्दी उठकर पवित्र स्नान करना चाहिए। फिर उसे लिंग की पूजा करनी चाहिए। यह प्रार्थना उसे एक वर्ष तक करनी चाहिए। बिना पुत्र वाला मनुष्य पिता बनेगा। वैशाख, कार्तिक और माघ के महीनों में, व्यक्ति को विशेष व्रतों और संस्कारों का पालन करना चाहिए और स्नान के समय इस प्रार्थना का पाठ करना चाहिए। उसे सभी लाभ प्राप्त होंगे।

अभिलाषाष्टकमिदं न देयं यस्य कस्यचित् ।।
गोपनीयं प्रयत्नेन महावंध्याप्रसूतिकृत् ।।

स्त्रिया वा पुरुषेणापि नियमाल्लिंग संनिधौ ।।
अब्दं जप्तमिदं स्तोत्रं पुत्रदं नात्र संशयः ।।

यह अभिल आशा अष्टकम (अष्टक) किसी को भी व सबको नहीं देना चाहिए । इसे सख्ती से गुप्त रखा जाना चाहिए। यह लंबे समय से बांझ महिला को भी जन्म देने वाला बना (बांझ से भी जन्म दिलवा) सकता है। महिला हो या पुरुष, भक्त को एक वर्ष तक लिंग की उपस्थिति में निरपवाद रूप से इसका पाठ करना चाहिए।

यहाँ अभिलाष अष्टकम की टिप्पणी समाप्त होती है, जो ऋषि विश्वानर द्वारा भगवान शिव को गाया गया एक अष्टक है। इसे पढ़ने से निश्चित रूप से यह समझ में आ जाएगा कि शास्त्रों के अनुसार भगवान शिव ही एकमात्र इच्छा के पात्र हैं।

इस पुस्तक को कार्तिक ने परम शिव, पराशक्ति और भगवान शिव के भक्तों के चरणों के आशीर्वाद से लिखा है।

संदर्भ

वेदः

- ऋग्वेदः
- यजुर्वेदः
- सामवेदः

उपनिषदः

- ईश
- केन
- अथर्वशिर
- अथर्वशिख
- कैवल्य
- श्वेताश्वतर
- जाबाल
- भस्म जाबाल
- बृहत् जाबाल
- कठ
- मुंडक
- छान्दोग्य
- बृहदारण्यक
- तैत्तिरीय
- महानारायण
- योगतत्त्व
- पंचब्रह्म

पुराणः

- पद्म
- ब्रह्माण्ड
- वायु

- कूर्म
- नारद
- शिव
- लिंग
- ब्रह्मवैवर्त
- वराह
- स्कंद
- देवी भागवत
- मत्स्य
- गरुड
- वामन

उप-पुराण:

- पराशर
- सौर

स्मृति:

- **योगयाज्ञवल्क्य**

इतिहास:

- वाल्मीकि रामायणम्
- महाभारत (द्रोण पर्व, अनुषासन पर्व, **अश्वमेध पर्व, भगवद् गीता**)